現在《いま》に生かす新渡戸稲造の人格教育

湊 晶子［著］

キリスト新聞社

留学時代の新渡戸

幼少期の新渡戸稲造（8歳）

メリー・エルキントン

東京女子大学2代目学長
安井てつ

東京女子大学初代学長に
就任したころの新渡戸

東京女子大学
3代目学長
石原謙

晩年の新渡戸とメリー

目次

第二章　現代《いま》を生かす新渡戸稲造の「人格と公共」の精神

第三章　キリスト教に立脚した新渡戸稲造の女子人格教育

第四章　東京女子大学創立九〇周年と一〇〇周年記念講演・礼拝

第五章　二〇二二年度キリスト教学校教育同盟 第一一〇回総会講演（二〇二二年六月三日）

まえがき

私は一九五一年、戦後間もないころ神戸から上京して、新渡戸稲造先生が初代学長を務められた東京女子大学に入学し、新渡戸先生のご生涯からいろいろ教えられ、特に奥様のメリー・E・ニトベの生涯について興味をもった。お二人のキリスト教に立脚した人格教育への情熱、特に女子教育への理念に感動を覚え、二〇〇四年にキリスト新聞社から『新渡戸稲造と妻メリー教育者・平和主義者として』を出版させていただいた。昨年九〇歳を迎え、日本におけるキリスト教学校の存在意義について新渡戸稲造の人格教育を中心に小冊子にまとめておきたいと思うようになった。

キリスト教学校の学校案内には必ず人格教育が挙げられているが、その内容を明確に実践されているかは疑問である。新渡戸稲造は『西洋の事情と思想』の中で、「西洋人はパーソナリティを重んずる。パーソンすなわち人格である。日本では人格といふ言葉は極めて新しい。私共が書生の時分には、人格という言葉はなかった。パーソンという字は詳細に調べると、メンという意味とは違って『人たる』という字である。格といっても資格というような意味は毛頭ない」と述べているとおり、先生の若いころには日本にまだ人格という日本語が存在しなかったのである。

日本が西欧に門戸を開いた時は、西欧ではすでにルネサンスを経て宗教改革によりプロテスタント諸派がそれぞれの歩みを始めて久しく、イギリス革命、アメリカ革命、フランス革命を経て自由と平等が勝ち取られて一世紀も経っていた。アメリカでは一六四八年、ブレントにより女性参政権が初めて要求されてから三〇〇年以上も経っており、イギリスではメアリ・ウルストンクラフトにより女性の権利擁護が、フランスではコンドルセにより女性参政権が要求されてから二〇〇年を経ていた。

日本では明治政府が近代国家機構や資本主義体制などの多くの改革を急速に行ったが、「家制度」だけは存続させた。このため「女性の人格」とか個人としての存在は、「家」の中に埋没されてしまった。新憲法によって家制度は廃止されたが家意識として現存しているところに問題がある。新渡戸は早くから日本の女性自立論を展開し、東京女子大学の初代学長も務めた。新渡戸の女子人格教育については、章を設けて展開した。

キリスト教学校に属する者として、またキリスト者として「人格とは何かについて」明確な意味を世に示す責任がある。国際社会において日本が責任を果たすためには、座標軸にしっかりと位置づけ、ぶれない個を確立する必要がある。世界で活躍できる人々を生み出すために、この小冊子が用いられれば幸いである。

執筆途中に倒れ、今病室で「まえがき」といくつかの章を書くことになり、不完全なところも多いと思うが、意識を取り戻し、このように出版できることに感謝で一杯である。特に忍耐をもって出版を可能にしてくださったキリスト新聞社の松谷信司社長に心から御礼申し上げたい。

なお、第四章は八年間の東京女子大学学長時代と、七年間の広島女学院院長・学長時代に行った講演、第五章は引退後の講演であるので内容の重複は否めないが、原文のまま掲載させていただいた。一つ一つ独立した講演として読んでいただければ幸いである。

二〇二三年一月　　卒寿を記念して

湊　晶子

第一章

生い立ちと年表に見る新渡戸稲造の生涯

出生から札幌農学校を経てアメリカ・ドイツへの留学まで

新渡戸稲造は一八六三（文久二）年、日本がまだ西洋と普通の関係がなかったころ、盛岡南部藩士の家に生まれた。父十次郎と祖父傳が青森県の三本木原の新田開発に力を注いでいた時である。母の名は勢喜。初めて三本木原でとれた米にちなんで稲之助と命名された。のちの稲造である。

父十次郎は、南部藩を代表する江戸詰鑑定奉行として江戸で過ごすことが多かったため、新渡戸家には早くから田舎では見られない珍しい舶来品があった。稲造自身『幼き日の思い出』に、マッチ、オルゴール、ナイフとフォークなどが西洋文明の証拠として存在していたと記している。母勢喜は因習にとらわれずいいと思ったことは積極的に取り入れる人だったので、新渡戸家は常に活気に満ちていた。当時盛岡地方では牛や馬の肉を食べるなどはいやしむべき冒涜と考えられていたが、母は次々に牛肉料理を食卓に並べた。戸惑いつつもその美味しさに家族は次第に順応していった。維新前後の時代に新しい習慣を取り入れるという、母の理知的な聡明さは稲造の成長に大きな影響を与えた。

一八六七（慶応三）年父十次郎が病に倒れ他界した。そこで稲造は、曽父傳と母のもとで育てられた。九歳になった時、東京在住の叔父太田時敏のもとに送られ、教育を受けることになった。この時祖父は時敏に、「東京で教育することは至極結構、あの子は正しく導けば、国家に役立つ著名な人士になるであろうが、万一間違うとおそろしい悪党になりかねない云々」と書き送った。一八七一（明治四）年八月、稲造は太田姓になり、兄道郎とともに駕籠で一〇日ほどかけて上京した。築地の英語学校、藩共学共慣義塾を経て、一八七三年開設した東京外国語学校で学ぶこととなった。

養父時敏は、常に大望を目あてに努力することを言い聞かせ、郷里の母は手紙のつど家名を汚さぬよう、一生懸命勉強して偉い人になってほしいと書いてきた。一八七六年六月から七月にかけ、明治天皇が初めて東北、北海道方面を「御巡行」になり、その途中、三本木の新渡戸家に立ち寄られ、三本木原開拓に献身した祖父傅と父十次郎の功績を賞し、金一封が下賜された。この時の御下賜金は、家族一同に分配され、稲造も末っ子で分け前はわずかであったが、かねてから欲しかった金ぶち皮表紙の英文聖書を求めた。

ちょうどその年、北海道開拓使黒田清隆の招きでマサチューセッツ農科大学からクラーク博士が招聘され、札幌農学校が設立された。優秀な人材が集まっていた東京英語学校（後の第一高等学校）から、札幌農学校官費生を募集した。稲造はさっそく願書を出し、入学試験にも合格したが、既定の年齢に達していなかったため、翌年まで入学が延期された。

札幌農学校二期生一八名は、一八七七（明治一〇）年八月二八日品川を出帆し、九月三日朝

小樽に到着し、そこから馬に乗って札幌へ向かった。宿舎の費用もすべて官費でまかなわれ、小遣いも支給された。寄宿舎の食事は西洋風の生活に慣れるため、朝夕は洋食が用意されたという。

一期生たちは、クラーク教頭の感化で全員が「イエスを信ずる者の契約」に署名していた。二期生の中でも、太田稲造、内村鑑三、宮部金吾は早くから、「イエスを信ずる者の契約」に署名し、一八七八年ハリスより洗礼を受けた。

勉学による読書、精神的重圧の中で体調をこわし療養に赴く途中に立ち寄った故郷で、思いもかけず母の他界の報に接した。九歳の時に上京して以来、九年ぶりに再会することを楽しみにしていた母勢喜が、彼の到着数日前に亡くなっていたのである。母思いの稲造は、母からの手紙を集めて巻物（東京女子大蔵）にし、母の命日には、必ず一人静まって読み返した。

一八八一年七月、太田稲造は二〇歳にして札幌における四年間の課程を終え卒業し、開拓使庁任官に任命された。しかし多読のため視力が急激に衰え、神経衰弱状態に陥り、再び治癒のため上京した。この時期の、内村鑑三、宮部金吾らの友情あふれる見舞いの書簡が残されている。翌一五年三月には健康を回復し、農商務省御用掛を命じられ、再び札幌での勤務に復している。

このころから稲造は、開拓に携わることだけが先祖の遺志を継ぐ道ではなく、根本原理である農政学、農業経済を収める必要に心動かされ、官職を辞し、東京帝国大学への入学を決意し再び上京した。東京帝国大学の入学に際しての面接で、当時の文学部教授外山正一博士から、「貴下は何をやるつもりですか」と問われ、「農政学をやりたい」ことを伝え、さらに「太平洋の橋となりたい」と説明した。「日本の思想を外国に伝え、外国の思想を日本に普及する媒酌になりたい」との説明を加えている。

東京帝国大学へ入学したものの稲造は希望した内容の教育を受けられず、期待が大きかっただけに得られない失望も大きく、友人をはじめ、養父太田時敏に相談し、周囲の協力を得て留学を決意した。一八八四年七月大学を退学した。

アレゲニイ・カレッジを経て、一八八四年一〇月には、すでに留学中の先輩佐藤昌介の招きで、ジョンス・ホプキンス大学に移り、三年間、経済学、農政学、農業経済、行政、国際論、経済学、英文学、ドイツ語を学んだ。

ジョンス・ホプキンス大学はペンシルヴァニア州フィラデルフィアにある。ペンシルヴァニア州は、ウィリアム・ペン（一六四四〜一七一八年）によって、一六八二年クエーカー信者を含むヨーロッパの被抑圧諸宗教派を、招いて開かれた州であり、フィラデルフィアは「友愛の町」という意味である。大学在学中に稲造は、クエーカー教徒のハリス婦人一家の温かいもてなしやフレンド派の集会を通して、キリスト教の真の愛の精神に触れ、従来の教会観に対する疑問が解消し、神中心のクエーカーの信仰のあり方に急速に接近していった（『帰雁の蘆』友徒〔クエーカー〕一三八頁、新渡戸稲造全集第六巻所収）。一八八六年には、ボルティモア友会会員に認められ、クエーカー教徒としてフィラデルフィア友会にも彼の名は知られるようになった。一八八六年一二月、稲造はフィラデルフィアにすでに結成されていたフレンド派婦人外国伝道会（会長、メリー・モリス夫人）主催の講演会に招待され、「日本における女子教育の必要性について」の講演を依頼された。この講演会において、後に妻となるメリーとの出会いがあったことには、神の不思議な導きがあったと考えられる。

一八八七（明治二〇）年、太田稲造はジョンス・ホプキンス大学の三カ年の課程を終え、札幌農学校教授に就任していた先輩佐藤昌介の配慮により札幌農学校助教授に任命され、官命により農政学を研究すべく五月下旬にドイツへと渡った。ドイツではボン、ベルリン、ハレ大学で研鑽を重ねた。稲造はドイツ留学中に日本にいるころから著述を読み敬慕していたベルギーのエミール・ド・ラヴレー（一八二二～一八九二年）教授をリュージュに尋ねた。この時の会話が一〇年後、アメリカにあって『武士道　日本の心』執筆の動機の一つとなったことは有名である。ベルリン大学では農業史と統計学を主に学び、一八八九年にハレ大学に移り、さらに研究を重ね、論文「日本農地制度論」を完成し、ハレ大学より博士と修士の学位を得た。一八九〇年六月上旬のことである。彼がハレ大学に転学したころ、郷里盛岡において長兄七郎が病を得て死去する。嗣子がないため、稲造は再び新渡戸の姓に復帰することとなった。

博士号を取得した年の夏、新渡戸稲造は二つの問題を解決するため、アメリカへ戻った。一つはドイツ留学で中断したジョンス・ホプキンス大学在学時代の論文「日米関係史」を完成し、出版することであり、もう一つはドイツ留学直前にフィラデルフィアで知り合い、その後も文通を続けていたメリー・エルキントンとの結婚問題を解決するためであった。

「日米関係史」出版については、恩師アダムス教授の計らいにより、ジョンス・ホプキンス大学歴史・政治研究所双書の一冊として出版することが決まり、一八九〇年八月一八日付けで連絡を受けた。メリー・エルキントンが、素晴らしい英語力と知識をもって、原稿の訂正作業に取りかかったことについてアダムス教授に報告書を書き、本書は一八九〇年に出版された。メリーとの結婚は一八九一年一月一日に実現し、一月二二日サンフランシスコからオセアニック号に乗って、日本へ向かってアメリカを離れた。

メリー・エルキントンとの出会いと結婚

メリーは一八五七年、フィラデルフィアのクエーカー教徒の六世として生まれた。メリーの祖父ジョセフ・エルキントンは、フィラデルフィア二番通りで石鹸とろうそく作りを職業とし、インディアンの教育と職業訓練のための開拓事業に尽力した。メリーの父はジョセフ・スコットン・エルキントン、母はマリンダ・パターソンという謙虚なクエーカー教徒であった。

メリーはフィラデルフィアの名門ウエスタン・スクールに入学し、厳格で愛に満ちた教育を受け、哲学、文学、世界史、地理、ラテン語、フランス語を取得した。当時クエーカーの人々は、非戦論を説き、奴隷の使用を禁止するなど、徹底した平和論を唱えていた。メリーは、クエーカーの婦人組織リーダーとして社会活動に積極的にかかわり、特に女性の地位向上のために献身的に活動していた。そんなある日、ボルティモア友会会員に認められた稲造が、フレンド派婦人外国伝道会の会長であったモリス夫人宅で開催された後援会に招待され、女性の教育にもっと力を入れるべきだと熱心に説いた。稲造の講演を聴いたメリーは深い感銘を受けた。その日の午後、メリーは親友アンナ・チェイスに、「私の生涯の仕事がどこにあるのかを告げることのできるのは、この人しかいないと感じた」と告げている。

一方、稲造は日記に「なんという美しい威厳のある婦人であろう。このようなアメリカの婦人が日本に来て指導してくれたならば、日本の婦人たちはどんなに幸せなことであろうか」と記した。二人が知り合って間もなく、稲造はドイツに留学してしまったので、約三年間大西洋を越えて手紙が行き交った。この三年間の手紙を、今日に至るまで発見できていないことは誠に残念である。

稲造がボンに着いて間もなく、ある黄昏に散歩していると、黒服を着たミス・メリー・エルキントンが来るので、手を出して握手しようとしたら人違いでカトリックのシスターだったそうである。下宿に帰ってみるとメリー・エルキントンからの手紙が来ていた。それは彼女からの最初のラブレターだった。その後文通を重ね、稲造は結婚の決意を固めて、フィラデルフィアに戻ったのである。

しかし二人の結婚は、双方の家から激しい反対にあった。稲造の養父太田時敏は「日本人は異人種と結婚すべきでない」と、またメリーの父ジョセフ・スコットは、「娘が異なる人種と結婚し遠い未開の地、風俗習慣の違う国に連れていかれる」と反対した。しかしメリーの決心は固く、「私は駆け落ちしても、イナゾウと結婚します」と、ゆるぎないものであった。一八九一（明治二四）年一月一日、両家の両親の出席がないまま、三人の弟とメリーの叔母夫妻の同意を得て、フレンド・ミーティング・ハウスで結婚式を挙げた。新渡戸姓にもどった稲造二八歳、メリー三三歳の時であった。フィラデルフィアの名門の一人娘と東洋人との結婚は、フィラデルフィアで話題となり、新聞は記事を大きく掲載した。代表的新聞『インクァイア』は、「フィラデルフィアの名門エルキントン家の令嬢メリーは、優れた青年であるとはいえ、日本の一青年と結婚した」と報道した。

二人は一月二〇日に日本に出発するため、サンフランシスコへ向かうことになっていたが、頑なに二人の結婚を認めなかった父ジョセフ・スコットンも折れて、稲造とメリーをパインストリートの家に招き、一二日の朝には鉄道の駅まで母マリンダとともに行き、姿が見えなくなるまで見送ってくれた。

一八日間の船旅の後、横浜に着いた。反対していた太田時敏夫妻もたくさんの友人も歓迎してくれたので、二人は安堵と喜びに包まれた。メリーは日本名「萬里子」と名付けられた。数週間後の三月には、稲造は母校の札幌農学校の教授として就任し、教育者としての生涯が始まった。メリーが到着後両親に出した最初の手紙の書き出しは簡潔であった。「三月四日（明治二四年）ついに憧れの地（蝦夷）にやってきました。ここに来たことに深く感謝しています」とある。こうして、二人の教育者としての、平和主義者としての四二年間の結婚生活が始まったのである。

日本のため、世界のためにささげた生涯

①　札幌農学校教授時代

新渡戸夫妻の生涯は、キリストの犠牲と奉仕の生涯を常に心に留め、教育者として、平和主義者として生き抜こうという闘いであった。

一八九一（明治二四）年、札幌農学校教授に任じられた新渡戸は、農政、農史、農学総論、植民論、経済学、英文学、ドイツ語、さらに予科の英語と倫理も担当した。欧米留学中に学んだ新知識を、はつらつとした元気一杯の態度で教えるので、学生たちは新渡戸の授業を心待ちにした。彼は「教育は祈りをもってなさるべき」との確信をもっていたので、教室に向かう前に必ず数分の祈りの時をもった。言葉だけでなく彼の人格的感化は日を増すごとに大きくなっていった。さらに日曜日には、バイブル・クラスを自宅で開き、聖書を学び、集会の後は茶菓を囲んで懇談の時を過ごした。

札幌に赴任して間もなく長男トーマス（遠益）を、誕生後数日にして亡くし、失意のどん底にあった夫妻にメリーの実家から一〇〇〇ドルのお金が送られてきた。その資金を用いて、未就学児童のための遠友夜学校を設立し、無給で教育に当たった。稲造亡き後、妻メリーが二代目校長を務めたことを知る人は少ない。

メリーはトーマスを亡くした後、床に臥し、稲造は激務のため体調を崩し、日に日に衰え強度の神経衰弱症にかかり、一時は職を続けることも困難と判断された。体調を取り戻すため、比較的温暖な気候の地、鎌倉・伊香保などで静養する。メリー夫人の勧めを受け入れて、さらに湿気の少ないアメリカのカルフォルニア南部で静養することにして、一八九八年一〇月に渡米し、約二年間静養を継続することとなった。札幌では博士の回復が一日でも早からんことを、教師も学生も待望していた。

②　静養中の不朽の名著――『武士道　日本の心』

伊香保の温泉療養地での静養中に武士道の構想を考え、カルフォルニア南部のモンテリイ半島にあるデルモンテ・ホテルにて不朽の名著となった『武士道　日本の心』を書き上げた。

ボン大学在学中に、ベルギーのエミール・ド・ラヴレー教授を訪問したと前述したが、その時の教授の質問「宗教教育のない日本では、道徳教育はどのようにおこなわれているか」に『武士道』が端を発すると稲造自身は序に記した。さらに「この小著の直接の端緒は、私の妻が、かくかくの思想もしくは風習が日本にあまねくおこなわれているのはいかなる理由であるかとしばしば質問したことによる」と。

療養の間を無為に日を送ることなく、メリーからの充分な協力を得て書き下ろすことができたことは、一九〇〇年初版の表紙の裏に記した「メリー夫人への献辞」からも推察できる。「愛する妻、メリー・P・E・新渡戸へ。長い間、お互いに何回となく話し合った結果、この印刷物ができました。あなたが居なかったら、この小著は決して日の目を見ることができなかったでしょう。一九〇〇（明治三三）年、一月十二日著者」とある。メリーの質問は文学、歴史、哲学、政治、経済など多岐に亘っていた。新渡戸は、西洋文明だけが唯一の文明ではなく、また日本文化だけが特に優れているものでもなく、両者はともに美徳をそなえ、その美徳は底の底では相通じていることを、東西の歴史的人物を駆使して『武士道　日本の心』という一冊にまとめたのである。一五九頁という小さな書物の中に、約一五〇名の東西の偉人の引用が含まれている。「太平洋の橋」を文化的に実現した証しといえる。新渡戸は、ド・ラヴレーの「宗教なし。どうして道徳教育を授けるのですか」に対する答えとして、これまでの日本の道徳の中心をなしてきた義、勇、仁、礼、誠、誉、忠、克巳などを、西洋の事例と比較しながら述べ、武士道の日は暮れつつあるが、功利主義および唯物主義に拮抗するに足る倫理体系で、キリスト教に接木されつつ、その心は長く日本人の心に生き続けるだろうと、論述した。

三八歳の時に執筆した『武士道』だけで新渡戸を論ずることは不可能である。しかし本書の世界での評価は大きく、出版と同時に、ドイツ語、印度方言マーラット語、ボヘミア語、ポーランド語、さらにはノルウェイ語、ロシア語、フランス語、ハンガリー語、スエーデン語などに翻訳された。

アメリカで『Bushido-the Soul of Japan』が出版された際、メリーは稲造に日本でも同時に版権を取るよう勧めた。だが稲造はその必要なしと答えている。ところが帰国してみると九版を重ねており、学校の教科書にも用いられていた。出版社の主人は妻の病気を理由に稲造の抗議をかわしたが、新渡戸の印を偽造して版を重ねるに至って激怒し、家中が震うほど叱声を発したとメリーは、後に『幼き日の思い出』の序文に記している。

健康を回復した博士は、日本の各方面で必要とされていた。

③　日本の教育と世界平和のために

一八九五（明治二八）年日本は日清戦争に勝利し、講和談判の結果台湾を日本領土とした。後藤新平伯（当時男爵）は、当時の主だった人々の意見を総合して、アメリカで療養中の新渡戸以外に植民地経営に当たれる者なしと判断し、熱意あふれる勧誘の書簡や長文の電報を送った。すでに札幌に帰る手はずを整えていた新渡戸は、「辞する言葉なき状態」となり、引き受け、一九〇一年一月に帰国、二月に台湾総督府技師に就任した。五月には同殖産課長、翌一九〇二年には臨時台湾総督府総務局長となり、台湾糖業の基礎を築いた。

後藤新平は、新渡戸ほどの学殖ゆたかな人物は当時の若き学徒の教育に当たらせるべきであると考え、新設の京都帝国大学の植民政策の教授として一九〇三年一〇月から迎えられるよう手筈を整えた。稲造らは一九〇六年まで総督府技師をも兼任していたので、その後も年に一度は台湾を訪れた。

伝統ある京都の文化と美しい自然の中で、久々に学究生活にもどることができた喜びを、親友の宮部金吾に次のように書き送っている「京都は学問の研究にとり仙境である」と。

一九〇六年九月には、論文「植民政策」に対し、京都大学より法学博士の学位が授与されている。

一九〇四年、日露戦争で日本はロシアに勝利をおさめた。思想の激動期の前途ある青年の教育には、内外の思想に深い理解のある指導者が必要であると、時の文部大臣牧野伸顕伯は、新渡戸に第一高等学校校長に就任するよう熱心に要請した。新渡戸自身は、京都を学問の仙境とまで思い、永住の地とさえ考えていたので辞退したが認められず、これを受けることとした。日露戦争後の動揺期、唯物的・破壊的思想の影響下にあった青年たちに、夫妻で人格主義と理想主義を説いた。夫妻による格式張らない教育実践は学生の心を育てたのである。夫妻の教育者理念については、後に詳しく述べることとする。

彼が第一高等学校校長であったのは、一九〇六（明治三九）年九月から一九一三年四月までの六年七カ月であり、四五歳から五二歳に至る最も教育に専念できる年齢の時であった。

東京女子大学は、一九一〇年エディンバラ市で開かれたキリスト教世界宣教大会における提案に基づき、北米プロテスタント諸教派の援助のもと、一九一八年に設立された。キリスト教各派合同の大学の学長として、内外の信望を得ながら女子教育をリードできる人物として、佐藤昌介博士は新渡戸稲造を最適任者として推薦した。新渡戸はかねてからキリスト教に立脚した女子教育を日本に普及したいと願っていた。一八年前の一九〇〇年にパリで開催された万博博覧会の会場で、審査員として渡欧していた新渡戸は、ちょうど英国での学びを終えて帰国の途にあった安井てつと出会い、日本の女子教育の必要性について意気投合したことがあった。彼女を学監に迎え入れることを条件に、学長を引き受けたのである。新渡戸は安井てつとともにキリスト教に立脚した女子人格教育を推進した。現代も生き続けるリベラル・アーツ教育である。

一九一九（大正八）年六月二八日、パリで平和条約の調印とともに国際連盟が誕生し、事務総長に英国のドラモンド卿が就任した。日本から事務次長を出すことになり、後藤新平らの強い推薦に対し、新渡戸は辞退を続けていたがついに大任を承諾した。新渡戸夫妻は、創業早々の事務局の仕事をロンドンで始め、国連の転移とともにジュネーヴへ移った。

国際連盟の事務次長としての七年間は、世界平和のために夫妻で貢献した時期である。国連精神普及のための講演、国際文化協力事業の一環として国際知的協力委員会を創立するなど、〝世界のニトベ〟として活躍した。ちなみにメンバーは、ドイツのアインシュタイン、フランスのベルグソンとキュリー夫人、イギリスのギルバート・マレーという、錚々《そうそう》たる人々であった。一九二七（昭和二）年一月、重任を果たして帰国する。帰国後は、主に貴族院議員を、また太平洋問題調査会理事長を務めた。

一九三一年、満州事変の勃発とともに軍部の台頭で、日本は急速に軍国主義に傾き、平和主義からも民主主義からも離れていった。日米間の対立の溝は深まり、日本は一九三五（昭和一〇）年国際連盟を脱退した。国際的に決定的な孤立に陥り、新渡戸夫妻はアメリカからも日本からも非難を受けた。にもかかわらず最後まで、太平洋両面交流のために努力し、稲造はカナダのバンフで開催された第五回太平洋会議に出席後、病に倒れ、一九三三年ヴィクトリア市にあるジュピリー病院にて、一〇月一五日、享年七二歳で客死した。

メリーはホテルの机の上に夫稲造が自筆で写したブリマ・カーマンの詩を発見、とめどなく流れる涙の中にも慰められた。キリスト者としての信仰を共有できたからこそ、ここまで生きてくることができたことを実証するような内容の詩であった。メリーは告別式を終えた後、遺骨を抱いて日本に帰国した。「いつアメリカに帰りますかと聞かれるほど淋しいことはありません。私は日本人、稲造の妻で私の国は日本です」と。一九三四年遠友夜学校の二代目の校長に就任し、ますます軍国主義化していく日本で、困難を覚えつつも最後まで平和主義者として生涯を全うし、一九三八（昭和一三）年軽井沢で亡くなった。

年表に見る七二年の生涯

西暦（和暦）	世　　事	新渡戸稲造	メリー・パターソン・エルキントン
1853（嘉永6）	ペリー浦賀来航。		（先祖ジョージがデラウェアを経てアメリカの地を踏んだ日から180年目に生まれる。）
1854（安政1）	日米和親条約。		
1857（安政4）			メリー・パターソン・エルキントン誕生（クエーカー教徒6代目として）。祖父ジョセフ・エルキントンがフィラデルフィア2番通りに石鹸とローソク製造のために建てた家で生まれる（ジョセフは、インディアンの中で教育・職業訓練・宗教伝道の困難な開拓事業に従事）。
1858（安政5）	日米修好通商条約調印。		
1859（安政6）	日本に初めてプロテスタント宣教師来る。		
1861（文久1）	南北戦争。		
1862（文久2）		新渡戸稲造誕生（盛岡南部藩士・新渡戸十次郎の三男として）。	5歳8カ月で学校に行き始める（Friend Select School）。
1867（慶応3）	大政奉還。	父死去。母せき、祖父・伝のもとで育てられる（祖父、森林を切り開き、開拓事業に尽力）。	
1868（明治1）	江戸、東京と改称。 福沢諭吉「慶應義塾」と塾名を定める。		
1870（明治3）	M.E.キダー、キダー塾（後のフェリス女学院）開設。		
1871（明治4）	文部省設置。 戸籍法を定める。 津田梅子、アメリカ留学。 熊本洋学校開校。 ルイス・ピアソン、横浜山手に亜米利加婦人教授所設立。	祖父、死去。叔父・太田時敏の養子となり、太田稲造を名乗る。旧藩主が東京で経営する学校に通う。	フレンド派ウエストタウン・スクールに入学（フィラデルフィア・クエーカーの名門）。厳格で愛に満ちた教育を受ける。全コースにラテン語・フランス語を追加して（男子と女子は教室と食堂は別。スケートなどは楽しく一緒に遊ぶ）。文学会が全盛期。Lyonianに属す。

西暦（和暦）	世　　事	新渡戸稲造	メリー・パターソン・エルキントン
1872 （明治5）	福沢諭吉『学問のすすめ』。ヘボン訳聖書出版。		
1873 （明治6）	キリシタン禁制高札撤去。妻の側から離婚訴訟可能。	東京外国語学校入学。	
1874 （明治7）	東京女子師範学校（現お茶の水女子大）設置。		
1875 （明治8）	森有礼『妻妾論』。津田真道『廃娼論』。 新島襄、同志社英学校設立。 神戸ホーム（神戸女学院）設立。		ウエストタウン・スクール卒業。教師となり、哲学・世界史・地理・文法などを教える。教科書・ウェイランド「知的哲学」、クワッケンボス「修辞学」、ウィルソン「世界史」等。健康のすぐれない母マリンダの代わりをつとめる。
1876 （明治9）	クラーク着任、札幌農学校開校。札幌農学校第1期生「イエスを信ずる者の契約」に署名。	明治天皇、祖父・新渡戸伝宅で一泊し、東北部の開拓事業への謝礼と励ましの意を表し、家族に御下賜金を賜られた。家族全員に分けられた御下賜金で稲造は英文の聖書を買った。	
1877 （明治10）	自由民権運動起こり、男女同権論に関する著書が多くなる。福沢諭吉『日本婦人論』。	札幌農学校第2期生として入学。	
1878 （明治11）	ミル『男女同権論』訳。植木枝盛、婦人参政権主張。	ハリス師より受洗（内村鑑三・宮部金吾らと共に）。	父ジョセフ、大きい家を求め、大勢の客をもてなす。メリーは忙しく働いた。
1879 （明治12）	教育令で中学校以上の男女共学を禁止。		
1880 （明治13）	改正教育令（国家統制）。集会条例公布。 東京ＹＭＣＡ創立。 植木枝盛、女性参政権を主張。	母・勢喜、死去（札幌から帰郷する数日前に亡くなる）。	クエーカーの婦人組織リーダーとして社会活動に積極的に従事。有能かつ良識の持ち主として、女性の地位向上運動に献身的に参加。
1881 （明治14）	ピアソン、偕成伝道女学校開設。	札幌農学校卒業、開拓使御用掛を拝命。	

西暦（和暦）	世　　事	新渡戸稲造	メリー・パターソン・エルキントン
1882 （明治15）	軍人勅諭を発布。		組織を作って外国の女性たちへの伝道を考える会始まる。
1883 （明治16）	鹿鳴館開館。文部省『小学修身書』。	東京大学に入学、英文学・理・統計を修める。	
1884 （明治17）	岸田俊子、新聞『自由燈』にて男女同権を説く。 横浜ＹＭＣＡ設立。	東京大学退学。アレゲニー大学を経てジョンズ・ホプキンス大学へ（経済学・史学・文学等）。	
1885 （明治18）			フィラデルフィア12番通りフレンド・ミーティング・ハウスで稲造と出会う。モーリス邸を通して二人は親しくなる。メリー・モーリスはフィラデルフィア・フレンド派婦人外国伝道会の会長。
1886 （明治19）	小学校令公布。尋常小学校4年を義務教育とする。 甲府・雨宮製糸工場の女工によるストライキ。 東京婦人矯風会結成。	ボルティモア友会会員として認められる。やがてフィラデルフィア友会にも知られるようになる。	モーリス邸にて稲造、日本の女子教育の必要性について勧める。
1887 （明治20）	職工条例（女子および14歳未満工への夜業禁止条項を含む）。 スミス女学校開設。 普連土女学校開校。	ドイツ・ボン大学で農政学・農業経済学を修めた後、ベルリン・ハレに学ぶ（ドイツ留学：北海道庁による官費留学）。	文通始める。宮部金吾（カボ君）宛の手紙の中で、「デラウェアの少女」と表現される。
1889 （明治22）	大日本帝国憲法発布。 （南原繁生まれる）	長兄・七郎死去。新渡戸姓に。	アメリカ女性の教育に専念。
1890 （明治23）	教育勅語渙発。女子の政治加入および政談演説傍聴禁止。 新栄女学校と桜井女学校が合同、女子学院となる。	ハレ大学より博士の学位を受ける。	10月30日、クエーカー・アーチストリート・ミーティングの月例会で結婚の意志表明。両親は欠席。

西暦（和暦）	世　　事	新渡戸稲造とメリー（萬里子）
1891 （明治24）	中学校令改正により高等女学校は尋常中学校の種類と定められる。 内村鑑三「不敬」事件。教育と宗教の衝突が始まる。 日本婦人矯風会成立。 樋口奈津、「一葉」のペンネームに。	1月1日、フレンド・ミーティング・ハウスで結婚。太田時敏もJ.S.エルキントンも反対・欠席。メリーの弟ウィリアムと彼の妻、結婚の祝宴を設ける。 1月12日、日本出発のためサンフランシスコへ。別れの3・4日前、父は譲歩し、別れの言葉を言い送る。 2月10日、メリーと共に帰国（18日間の船旅）。 1887年にコサンド夫妻により開校された普連土女学校を感謝をもって訪問。 3月、札幌農学校教授となる。日本名：萬里子。
1892 （明治25）	紡績女工385,000人に及ぶ。	1月、長男・遠益（トーマス）出生。1週間後、死去。
1893 （明治26）	内村鑑三『Japan and the Japanese』刊。	メリーに実家のエルキントン家から1000ドル送られ、500坪の土地と古い二階建ての一軒家を買う。
1894 （明治27）	日清戦争始まる。北海道小学校の就学率平均54%、女子わずか34%。 スミス女学校、北里女学校と改名。	1月、遠友夜学校創立（稲造・初代校長）。『ウィルリアム・ペン伝』出版。
1897 （明治30）		無理ゆえノイローゼ気味となり、伊香保に転地療養、読書を禁ぜられ、瞑想にふけりつつ日本人の善悪の概念の根底について思い巡らす。『武士道』の構想に導かれる。
1898 （明治31）		7月、稲造とメリー、米国に向けて出航。6歳の養子孝夫と河井道同行する。
1900 （明治33）	治安警察法公布（第5条女子政治活動禁止）。 矯風会、吉原遊廓の女性を収客。女子英学塾（後の津田塾大学）創設。	アメリカで『Bushido』英文にて出版される。日本精神を世界に向けて。1905年までに英語版で10版、日本語版9版を重ねる。ドイツ語・フランス語・ボヘミア語・ポーランド語・ノルウェー語・中国語などに翻訳される。
1901 （明治34）	『女学雑誌』廃刊。 日本女子大学創立。	1月、日本に戻る。台湾総督府技師として。12月、ジャワ、フィリピン、オーストラリア視察旅行。
1902 （明治35）	日英同盟協約締結。	5月、帰台。3週間後、アメリカとヨーロッパに6カ月間の研究調査のため派遣さる。台湾総督府糖務局長。
1903 （明治36）	国定教科書制度を確立。	京都帝国大学法科大学教授就任。
1904 （明治37）	日露戦争。 閨秀文学会（金葉会）・平塚らいてう・与謝野晶子・山川菊栄。	
1905 （明治38）	ＹＷＣＡ（日本基督教女子青年会）創立。	

西暦（和暦）	世　　事	新渡戸稲造とメリー（萬里子）
1906（明治39）	日露戦争にあたり矯風会より慰問袋を送る。	稲造の長姉ミネの孫娘・琴子（16歳）、京都にて一緒に住む。メリー、琴子と共に京都を楽しむ。 京都帝国大学より法学博士を受ける。第一高等学校長となる。日露戦争後の動揺期、唯物的・破壊的思想の影響下にあった青年たちに、夫妻で人格主義と理想主義を示す。夫妻による格式ばらない教育実践は学生の心を育てる。
1907（明治40）	南原繁、第一高等学校入学。	
1908（明治41）	羽仁もと子『婦人之友』創刊。	『実業之日本』編集顧問に就任。
1909（明治42）	伊藤博文暗殺。	東京帝大法学科大学教授を兼務。
1911（明治44）	平塚らいてう、青鞜社結成。	日米交換教授として渡米。翌年5月まで166回講演。
1912（大正1）	青鞜講演会「新しい女」論議。	帰国。『世渡りの道』。『Japanese Nation：its Land, its People,and its Life』出版。
1913（大正2）	東北大で初めて3名の女性の正規入学を許可。	第1高等学校長辞任。東大教授専任となる。植民政策を担当。琴子、正式に入籍される。
1914（大正3）	第一次世界大戦に参戦。	
1916（大正5）	臨時教育会議「学問すると女は子を産まなくなる」と論争。『青鞜』廃刊。	フィリピン、ボルネオ、セレベス、ジャワ、シンガポール、スマトラ、香港へ出張。
1917（大正6）	ロシア革命。 『主婦の友』創刊。	『婦人に勧めて』出版。養子・孝夫と琴子、結婚。
1918（大正7）	大戦終わる。臨時教育会議は、「女子教育は、従来の家族制度に適応すべし」と答申。平塚らいてう・市川房江「新婦人協会」創立。	東京女子大学の初代学長となる（学監は安井てつ） 東京女子大学が創立される。
1919（大正8）		『米国建国史要』『一人の女』出版。
1920（大正9）	初メーデーが行われ、上野で5000人参加。アメリカで平等参政権獲得。	国際連盟成立。 国際連盟事務局次長としてジュネーブへ。
1923（大正12）	関東大震災。	安井てつ、東京女子大学学長に就任。
1924（大正13）		12月8日から翌年2月まで、連盟からの休暇で帰国。78日間に、東は水戸、西は熊本・長崎など18カ市をまわり、多い日は1日4回、合計83回、啓蒙的な講演を行う。総出席者51,090人のうち女性が8,000人。

西暦（和暦）	世　　事	新渡戸稲造とメリー（萬里子）
1926 （昭和1）		国際連盟事務局次長辞任。貴族院勅選議員となる。
1927 （昭和2）	金融恐慌勃発。	3月、帰国。8年ぶりに小石川小日向の自邸に戻った。
1929 （昭和4）	日本共産党大検挙。 恵泉女学園創立。	太平洋問題調査会理事長（民間人の機関で、環太平洋地域の諸問題を客観的・学術的に研究し、友好平和に寄与する会）。
1930 （昭和5）		『太平洋問題』出版。
1931 （昭和6）	大日本連合婦人会。 満州事変。	5月、北海道大学で講演。5月18日、遠友夜学校講演「学問より実行」（160名の生徒および教師と記念撮影）。
1932 （昭和7）	1月、上海事変。 5・15事件。犬飼首相、射殺される。	2月、松山での発言により軍部に圧迫される。軍閥への批判を行う。 4月、アメリカ講演に出発。反日感情の高まる中、1年間、アメリカとカナダで100回を超す講演を行う。日本国内では非国民呼ばわりされる。 6月、エルキントン家の人々と家族写真撮影。
1933 （昭和8）	1月、ナチス政権獲得。 3月、日本が国際連盟脱退。 女子英学塾を津田英学塾と改称。	3月、帰国。4月4日、天皇にアメリカの事情を報告。 8月、カナダのバンフでの第5回太平洋会議に出発（上田貞次郎・姉崎正治・那須皓・副島道正・岩永裕吉・高木八尺委員と共に）。 9月13日、ヴィクトリア市ジュビリー病院に入院。 10月15日、死去。12月、多磨霊園に埋葬。
1934 （昭和9）	文部省に思想局設置。	メリー遠友夜学校第2代校長に就任。『*Reminisences of Childhood*』序文とあとがきをメリーが執筆。
1937 （昭和12）	日中戦争。大本営設置。 矢内原忠雄、東京帝国大学に辞表提出。	
1938 （昭和13）		9月23日、メリー軽井沢で死去。多磨霊園に眠る。
1940 （昭和15）		石原謙、東京女子大学学長に就任。
1941 （昭和16）	太平洋戦争勃発。	
1945 （昭和20）	太平洋戦争終結・敗戦。	
1946 （昭和21）	女性参政権初行使。	
1947 （昭和22）	教育基本法。	
1948 （昭和23）		石原謙、東京女子大学学長を辞任。
1984 （昭和59）	新5000円札に新渡戸稲造の肖像が選ばれる。	
2004 （平成16）	11月 新5000円札、樋口一葉の肖像に切り替え。	

第二章

現代《いま》を生かす新渡戸稲造の「人格と公共」の精神

西欧と日本における「人格」という言葉

多くの学校、大学の建学の精神には、ほとんど「人格教育」をモットーに掲げている。また、教育基本法においても「人格」が語られる。「人格」とは何かと問われれば、どのように答えればよいか。今大切なことは新渡戸の「人格論」の真髄を明確に把握しておくことである。新渡戸は『西洋の事情と思想』（一九三四年）の中で「人格の意義」について次のように述べた。

「西洋人はパーソナリティを重んずる。パーソンすなわち人格である。日本では人格という言葉は極めて新しい。私共が書生の時分には、人格という言葉はなかった。パーソンという字はただ『人』と訳していた。しかし詳細に調べると、メンという意味とは違って『人たる』という字である。格といっても資格というような意味は毛頭ない。人工的な、或いは社会がつくりあげる資格などとは、まったく違う意味である」（新渡戸稲造『西洋の事情と思想』実業之日本社、一九三四年／『新渡戸稲造全集』第六巻、教文館、一九六九年、五六三頁）

パーソナリティ（Personality）というと、一般に日本では「性格」と訳される。性格ではなく人格という意味が根本にあることに注意したい。人格という言葉は英語では「person」で、ラテン語の「persona」に由来する。キリスト教文化の中に歴史を刻んできた西洋においては、「スリー・パーソンス・イン・ワン（三位一体の神、父なる神、子なる神、聖霊なる神）」は三つの「persona」をもつという概念が、歴史の中に地下水のように流れている。新渡戸は「とにかく西洋では、宗教の関係上、パーソンということを頻りに説いたものであるから、一般人にもその意味がぼんやりと分かっていた。（中略）詰まり、東洋と西洋の考え方の違いは、パーソンというものに根底して、そこから起きる差が非常に多いのである。パーソンというものを深く認めればこそ、他人の権利も認めるのである」（前掲書、五六四〜五六五頁）

新渡戸の「キリスト教を土台とした人格論」

新渡戸が『西洋の事情と思想』の中で取り上げたパーソンは、当時一般に理解されていた「個の観念の始まりを近代に置く見解」ではなく、「西洋紀元の初めから六世紀ぐらいまでの神学的人格論であり、聖書の時代から三二五年のニカヤ会議、三八一年のコンスタンチノポリス公会議、四五一年のカルケドン会議を経て形成された三位一体論に根底を置く人格論であった。すなわち「人格は三位一体の神との関係性の中に形成される」（湊晶子「新渡戸稲造における私と公と公共」稲垣久和、金泰昌編『公共哲学一六　宗教から考える公共性』東京大学出版会、二〇〇六年、一八四〜一八六頁）という視点である。さらなる歴史的分析については、坂口ふみの『個の誕生――キリスト教教理をつくった人々』（岩波書店、一九九六年）に詳しい。

「パーソン・人たる・人格」について、神学論争をするのではなく、「創造主との直線的な愛に満ちた縦関係」の中に見出そうしているところに新渡戸の人格論の大きな特質がある。明治四四年新渡戸稲造著『修養』の中で次のように述べている。

「人生は社会のホリゾンタル（水平線的）な関係のみに生きるものでないことを考えたい。ホリゾンタル（多数凡衆の社会的関係を組織しているその水平線）に立っていれば、多数の間に其の頭角を抜き、其の名利を悠にし、又指導することもできるであろうが、一歩を進めて人は人間とのみならず、人間以上のものと関係がある、ヴァーティカル（垂直線的）に関係のあることを自覚したい。我々はただ横の空気を呼吸するのみで生きる者ではなく、縦の空気をも吸うものであることを知って貰いたいのである」（武田清子編『日本プロテスタント人間形成論』明治図書出版株式会社、一九六三年、一二一頁）

新渡戸の教育思想と人格主義の根底には、確固とした宗教的信仰が土台にあった。人間は単に横の関係ホリゾンタル（水平的）な関係だけで生きるのではなく、ヴァーティカル（垂直的）な縦関係においても生きるべきことを指摘し、ここに揺るぎない人格が形成されると強調した。

「人格論」の教育における実践

①「to do」より「to be」を重んじる教育

すでに新渡戸は一九〇六年に『随想録』を著し、その中の「わが教育の欠陥」という章で「今日の教育たるや、吾人をして機械たらしめ、吾人をして厳正なる品性、正義を愛する念を奪いぬ」（新渡戸稲造「我が教育の欠陥」『随想録』丁未出版社、一九〇七年／『新渡戸稲造全集』第五巻、教文館、一九七〇年、一一五頁）と主張し、あくまでも教育の目的を人格教育に置いた。

さらに「人格（ビーイング）形成か行為（ドゥーイング）業績か」の章においては、「人の行為は主として其の品性を表彰するものなるが故に之を尊しとす。善人の戯は愚人のいと賢き業よりも予を教ふること多し。〝to be〟と言ふは、〝to do〟と言ふより遙かに重んずべきものぞ」（新渡戸稲造「性と行『人格（ビーイング）形成か行為（ドゥイング）業績か』」前掲書、二二一〜二二三頁）と述べ、人間はただ一人、神と相対して立ち、その神により慰められ、強くされ、魂の平安を得て存在することができると考えた。

新渡戸自身一高の校長時代に、矢内原忠雄から「新渡戸先生の宗教と内村先生の宗教とは何か違いがありますか」と聞かれた時、「僕のは正門でない。横の門から入ったんだ。して、横の門といふのは悲しみということである」（新渡戸稲造「宗教とは何ぞや」『人生雑感』警醒社書店、一九一五年／『新渡戸稲造全集』第一〇巻、教文館、一九六九年、一九頁）と答えたそうである。後に矢内原忠雄は、「新渡戸先生の宗教」の中で「正門とは贖罪の信仰のことで、これは内村先生の信仰の中心であり、新渡戸先生の信仰の中心は贖罪よりも、悲しみにあった」（矢内原忠雄「新渡戸先生の宗教」『矢内原忠雄全集』第二四巻、岩波書店、一九六五年）と解説された。新渡戸稲造は神学を語るよりも、真の人格者として「キリストのかおり」を放つ者として存在することを強調したと思う。

②　人の心をリベラライズ（自由）し、エマンシペイト（解放）する教育

一九三三年に出版された『内観外望』の「大学の使命」と「大学教育と職業教育」は私が新渡戸の著作の中で最も感銘を受けた書物である。「大学の使命」で新渡戸は、「学問の第一の目的は人の心をリベラライズ（自由）するということ、エマンシペイト（解放）するということである」（新渡戸稲造「大学の使命」『内観外望』実業之日本社、一九三三年／『新渡戸稲造全集』第六巻、四〇七〜四〇九頁）と述べた。

石原謙先生からこの書物を入学祝いにいただいて、寮の一室でこの言葉に接し感動したことを忘れることはできない。戦時中の軍国主義教科書、戦後突然墨で塗りつぶされた教科書を使っ

た私は、「教育の第一の目的は心をリベラライズしエマンシペイトすることである」との確信に満ちた言葉は「生きる目的」を鮮明に与えた。新渡戸稲造の人格論こそ現代を生かす力であると思った。

③　責任ある個を確立する教育

一九一三（大正二）年に第一高等学校校長を辞任に追い込まれた時に、一高生徒たちに残した「Personality（人格）のないところにはResponsibility（責任）は生じない」は、新渡戸の絶対者との縦関係に立脚した毅然とした生き様を明確に語るものである。

人格論における「公共の精神」

私は現在九〇歳である。ということは太平洋戦争の戦火の中、小学校高学年と女学校時代を生き抜いた世代である。戦時下は「滅私奉公」の時代であり、忠君愛国「天皇を崇拝する臣民の教育」が強要された時代である。「教育の目的」は「大日本帝国国家の目的」と一致結合したものであり、「公」は「国家」であり、「私」は「個人」であり「主」に対して「従」の関係であった。日本をこのような時代に戻さないためには、「ノー」と言える自己確立された「個」

の育成が必要である。

私たちは民主主義の原点に立って、反対すべきはすべきであると思うし、その精神、すなわち「民の精神、公共の精神」を養う必要がある。軍国主義の中にあっても毅然と生きた人は数多くいたことも忘れてはならない。戦前・戦中・戦後の東京女子大学学長（一九四〇〜一九四八年）を務めた石原謙第三代学長、また東京女子大学で一九年教鞭を取り、院長の候補者がなかった広島女学院に赴任し、原爆で大けがを負いながらも広島女学院を護り通した松本卓夫先生（一九四二〜一九五一年）の「『公』は『国家』ではなく、『私』は『個人』であり、私の集合体が公である」との姿勢を明確にした姿勢に学びたい。

藤倉皓一郎氏は『学術の動向』において、「私personは独立の個人individualであり、社会的活動を行う人、市民、人民citizen, peopleであり、この市民が二人以上で何かをすることが公であり、public, republic, commonである。従ってアメリカ人の多くは政府governmentが公であるとは考えない」、「官による公の占有を破り、私が公を創造するためには、まだ相当の時間をようする」（藤倉皓一郎「アメリカ法における私と公――公共信託の理論」『学術の動向』二〇〇八年八月号、日本学術会議、二五〜二九頁）と問題提起している。

「われ太平洋の橋とならん」と日本と世界を奔走しつつ、明治、大正、昭和を駆け抜けた新渡戸稲造の言葉に今もう一度着目したいと思う。

第三章

キリスト教に立脚した新渡戸稲造の女子人格教育

最近、キリスト教主義女子大学は共学化するかキリスト教主義を止めるか、多くの悩みを抱えているのが現状である。二〇〇〇年に九七校あった女子大学は、現在七二校まで減った。私は最後の一校になっても、キリスト教女子大学であり続けるべきであるとの信念をもって東京女子大学の学長を二期八年、八〇歳を過ぎて広島女学院大学の院長・学長を七年勤めた。

私たちの世代は、旧憲法の下にあり「女は男の三歩下がって歩くべし」と小学校時代に教えられ、女学校時代に敗戦を迎え、新憲法の下に初めて女性に選挙権が与えられ、一人の人格としての存在を認められ、男女雇用機会均等法（一九八五年）、育児・介護休業法（一九九一年）などの成立のために奔走するなど、子育てと仕事の間で闘いつつ今日を迎えた世代である。

女子教育の重要性とキリスト教人格教育について開眼させられたのは、一九五一（昭和二六）年東京女子大学に入学し、両親の恩師でもあり私の保証人でもあった第三代学長石原謙先生から入学祝いに新渡戸稲造著『内観外望』をいただいたことによる。当時神戸から東京の大学を受験する人は少なく、昼間は戦地から復員された方々のための復員列車に、一般人は夜行列車にしか乗れず。しかも一枚の切符を手に入れるのに六時間並ぶ時代であった。それだけにこの一冊の本の重みは大きかった。

また最初の授業で、白髪の素敵な宣教師アレクサンダー先生が黒板一杯に、「Our college is a Liberal Arts College」と板書され、受験英語にはなかったリベラル・アーツについて説明してくださったことを忘れることはできない。また第三代学長でキリスト教史がご専門の石原謙先生のクラスでは、校章SSマークの意味、「犠牲と奉仕（Sacrifice and Service）」について神学的に解説された。新渡戸稲造初代学長の『内観外望』にも、アレクサンダー先生のリベラル・アーツの説明にも、校章のSSマークにもキリスト教の理念が深くかかわっていることを学んだ。

戦前・戦中、戦後を女性として歩んできた道のりをたどりつつ、「キリスト教に立脚した女子人格教育の今日的意義」について、新渡戸稲造の女子教育論を中心に次の四点から検証したいと思う。第一に年表を参照しながら一八五九（安政六）年プロテスタントの日本への伝播と女子教育機関の設立について、第二に新渡戸稲造の人格教育に立脚した女子教育について、第三に東京女子大学の校章「犠牲と奉仕」の英語表記が現在二通り「Sacrifice and ServiceとService and Sacrifice」が用いられていることへの検証をしたいと思う。

プロテスタントの日本への伝播と女子教育機関の設立
一八五九年から一九四五年　太平洋戦争終結・敗戦まで

一八五三（嘉永六）年にペリーが浦賀に、続いて一八五九年にプロテスタント諸教派の宣教師が長崎、横浜に来航することによって、明治政府は一気に西欧文明と接触し、近代国家建設に向けて、また資本主義体制を整えるべく多くの改革を余儀なくされた。「日本キリスト教女子教育（明治から終戦まで）」というタイトルで、年表（左頁）にまとめてみた。右側には歴史的推移を、左側には主としてキリスト教女子教育機関の設立を併記した。

明治の諸改革の中で女子教育に関して特筆されることは、家制度を存続させたことである。家制度は家父長制を残すものであり、家父長は国家に従属する関係で、「公」すなわち国家のもとに「私・個」が埋没してしまう社会通念をつくり上げた。家父長制度のもとにおける妻の存在、女性の地位は低いものとなった。一八七一年には壬申戸籍が出されたが、一八七三年に切支丹禁制の高札が撤廃されると、森有礼は一八七五年に「妻妾論」を世に出し、それに対応した。一八八九年大日本帝国憲法発布の朝森有礼は暗殺された。一八九〇（明治二三）年には女子の政党加入及び政治演説が禁止され、一九〇〇（明治三三）年には治安警察法が公布され、

日本キリスト教女子教育（明治から終戦まで）

湊　晶子 編

西暦(和暦)	キリスト教女子教育機関の設立	歴史的推移
1853 (嘉永6)		ペリー浦賀来航
1854 (嘉永7)		日米和親条約
1858 (安政5)		日米修好通商条約調印
1859 (安政6)	最初のプロテスタント諸教派の宣教師 長崎・横浜に来る	
1861 (文久1)	米国婦人一致外国伝道協会設立	南北戦争
1867 (慶応3)	ヘボン夫人横浜に女塾を開設	大政奉還
1870 (明治3)	E.キダー、キダー塾(後のフェリス女学院)開設	
1871 (明治4)	ピアソン横浜山手に亜米利加婦人教授所設立	文部省官立女学校計画布告 壬申戸籍
1872 (明治5)	押川方義バラより受洗 日本基督公会(海岸教会)設立	福沢諭吉「学問の勧め」
1873 (明治6)	津田梅子オールド・スウィーズ教会で受洗	切支丹禁制の高札撤廃 妻の側からの離婚訴訟可能
1874 (明治7)		東京女子師範学校(現お茶の水女子大学)
1875 (明治8)		森有礼「妻妾論」
1876 (明治9)	小島弘子(ミラーより受洗)・小島さだ(バラより受洗)	
1877 (明治10)		西南戦争

西暦(和暦)	キリスト教女子教育機関の設立	歴史的推移
1878 (明治11)	内村鑑三、新渡戸稲造受洗(二期生) 成瀬仁蔵受洗	
1880 (明治13)		改正教育令(国家統制)集会条例を公布 植木枝盛　女性参政権を主張
1881 (明治14)	ピアソン偕成伝道女学校	
1882 (明治15)		軍人勅諭
1883 (明治16)		鹿鳴館会館　欧化主義
1884 (明治17)	東洋英和女学院　ミス・カートメル	岸田俊子―男女同権説く
1885 (明治18)	福岡女学院　J.M.ギール	
1886 (明治19)	宮城女学校(宮城学院)　W.E.ホーイ、押川方義	
1889 (明治22)		大日本帝国憲法発布 森有礼暗殺される
1890 (明治23)	女子学院(桜井、新栄合併)　矢島楫子校長	教育勅語発布 女子の政党加入及び政治演説の禁止
1891 (明治24)	砂本貞吉ハワイ・サンフランシスコに日本人教会設立(～94) 新渡戸稲造とメリー・パターソン・エルキントン結婚	
1894 (明治27)	遠友夜学校開設。新渡戸稲造(女子教育に尽力)	北海道女子就学率34% 日清戦争
1899 (明治32)		私立学校令公布

西暦(和暦)	キリスト教女子教育機関の設立	歴史的推移
1900 (明治33)	女子英学塾(津田塾大学)　津田梅子 安井てつ受洗	治安警察法公布—女子政治活動禁止
1901 (明治34)	日本女子大学校創立(日本女子大学) 成瀬仁蔵	
1903 (明治36)		国定教科書制度を確立
1904 (明治37)	清心女子高等学校設立	日露戦争
1905 (明治38)	日本YWCA(日本基督教女子青年会) 創立	
1907 (明治40)		福田英子「世界婦人」
1908 (明治41)	羽仁もと子「婦人の友」創刊	奈良女子高等師範学校(現奈良女子大学)
1909 (明治42)	雙葉高等女学校設立	
1911 (明治44)		平塚らいてう「青鞜社」結成
1914 (大正3)		第一次世界大戦
1915 (大正4)	矢島楫子、津田梅子、女子教育功労者 として叙勲	
1916 (大正5)	大阪キリスト教矯風会	
1917 (大正6)	新渡戸稲造　『婦人に勧めて』	臨時教育会議「学問をすると女は子を産まなくなる」と論争 ロシア革命
1918 (大正7)	東京女子大学。新渡戸稲造学長・安井 てつ学監	

西暦(和暦)	キリスト教女子教育機関の設立	歴史的推移
1920 (大正9)	新渡戸国際連盟事務局次長としてジュネーブへ	アメリカで平等参政権獲得
1923 (大正12)	日本キリスト教婦人参政権協会設立	関東大震災
1929 (昭和4)	恵泉女学園。河井道	
1930 (昭和5)		軍部の台頭
1933 (昭和8)	新渡戸稲造カナダでの太平洋会議に出席後死去	国際連盟脱退 ナチス政権獲得
1934 (昭和9)	メリー新渡戸遠友夜学校2代目校長就任	文部省に思想局設置
1937 (昭和12)	矢内原忠雄東大より追放される	
1939 (昭和14)	宗教団体法成立	
1940 (昭和15)	石原謙東京女子大学第3代学長に就任	婦人運動の解体
1941 (昭和16)	松本卓夫広島女学院理事長・院長・校長に就任 日本基督教団創立	太平洋戦争起こる
1945 (昭和20)	宗教団体法廃止 米国教会連盟使節来朝	広島、長崎に原爆投下される 太平洋戦争終結・敗戦
1946 (昭和21)		日本で女性参政権初行使
1947 (昭和22)		教育基本法公布

女子の政治活動禁止令が出された。一九一七年には臨時教育会議が開催され、女子政治活動は禁止され、「学問をすると女は子を産まなくなる論争」まで始まった。

このように一個の女性として人格が確立されていなかった時代に、多くの宣教師や教育者によって、キリスト教女子教育機関が次々に設立され日本の女子教育に大きな影響を与えたことは特筆すべきことであった。

明治政府も近代国家と社会を建設するために、教育の果たす役割を早くから認識し、全国民に普通教育制度を普及しようと努力した。しかし今日の義務教育制度とは異なり、一八七四（明治七）年に提出された官公、私立の統計によると、当時設立された三二の中学で男子生徒三一二五人に対して女子生徒はわずか二八名と言う状況であった。しかし明治九年、女子生徒の数が飛躍的に伸び一一一二名に、同一二年には実に二七四七名に増加した。これは女子中等教育が実際には「私立学校」によって大きく推進されていることを示している。

年表の左側に示すように、宣教師、キリスト者男性・女性たちによってキリスト教主義教育機関が多数設立されたことに注目すべきである。一八七〇（明治三）年にはフェリス女学院が、一八八四（明治一七）年には東洋英和女学院が、一八八五（明治一八）年には福岡女学院が、一八八六（明治一九）年には広島女学院、宮城女学院が、一八九〇（明治二三）年には桜井・新栄を合併して女子学院が次々に創立され、女子教育はますます盛んになった。二〇世紀に入ると、キリスト教を基盤としたリベラル・アーツ教育機関である私立女子大学が次々に設立され、女子教育のレベルが急速に向上し、より自立した女性が育成されるようになった。一九〇〇（明治三三）年には津田梅子により女子英学塾（津田塾大学）が、一九〇一（明治三四）年には成瀬仁蔵により日本女子大学校（日本女子大学）が、一九一八（大正七）年には新渡戸稲造により東京女子大学が設立され、日本の女子教育に大きな影響を与えた。

特に新渡戸稲造は東京女子大学を創立後すぐに女性指導者安井てつにバトンタッチし後方支援に回った特質ある女子教育者であった。

新渡戸の女子人格教育の特質

近代国家形成期には、良妻賢母教育が支柱となり日本社会に長く影響を与えてきた。すなわち、女子と男子の違いを強調し、貞節・従順を美徳としてたたえ、父・夫・家に対する忍従、従順を教え諭した教育が主流であった。女性の理想像として一歩退いて表面に出ない「内助の功」的女性を理想とする概念をつくり上げた。

これに対して、近代日本形成期に設立された女子教育機関が教えた女性像は、神の前に男性も女性も同等な人格として創造されたとする基本的な人格論であった。この人格的女性論を明確に推進した人こそ教育者・平和主義者新渡戸稲造であり、現代最も必要とされる教育の根本精神である。このような人格論が述べられたのに、なぜ、女性の権利が守られなかったかについて、新渡戸は、明治政府が近代国家機構や資本主義体制など多くの改革を急速に進めながら「家制度」だけは存続させたことに問題があると指摘している。私は女性として生涯を生きてきて、日本の場合、「女性の人格とか個人としての存在」が、「家」の中に埋没されてしまったところに問題点があると思っている。

新渡戸が強調した女性論は、政治的権利の主張というよりは、根本的に神の前に男性も女性も同等の「人格」として創造され、「to be」存在しているというキリスト教に立脚した人間観であり、自立論であった。新渡戸はこの人格論を一人でも多くの人々に普及させたいとの思いから、『実業之日本』のような大衆誌や『婦人画報』『婦人世界』『婦人に勧めて』などに記事を次々と書いた。

キリスト教人格教育において初めて女性の人格は確立されることを強調して、新渡戸は『婦人に勧めて』（一九一七年）に「所謂良妻賢母主義は、人間を一種の型にはめ込むようなものである。日本の女子教育は、女を妻か、母か、娘かいずれかにしてもひとり立ちの人間らしくない男の付属品のごとく見ている。一個の人間として立派にでき上がった婦人（人格）ならば、妻としては良妻、母としては賢母である」と、また、「婦人の方でも特に学才の在る人は、せめて独立自営するためになる位の教育を受けておかなければ、万一の不幸に打ち克つことは出来ますまい。又其の父兄も其の娘に保険料でもかける考えで、進んで高等教育を授けて貰いたい。結婚の衣装に大金を投ずるだけが親としての責任ではなく、衣装以上の頭を持参させるようにしたいものである」とも記している。

さらに一九一八年の東京女子大学開校式式辞において次のように述べ、良妻賢母主義を退けた。「婦人が偉くなると国が衰えるなどというのは意気地のない男の言うことで、男女を織物に例えれば男子は経糸、女子は緯糸である。経糸が弱くても緯糸が弱くても織物は完全とは言われませぬ」と。

このように近代日本形成期に設立された女子教育機関が教えた女性像は、神の前に男性も女性も同等な人格として創造されたとする基本的な人格論であった。この人格的女性論を明確に推進した人こそ教育者・平和主義者新渡戸稲造であり、現代最も必要とされる教育の根本精神である。日本の土壌にキリスト教的人格論が根づくにはまだしばらく時間を要すると思う。だからこそ歴史的に存在してきたキリスト教大学における女子人格論を大切に育てる責任がある。

私が一九八九年から一九九〇年までハーバード大学より客員研究員の招聘を受け、「日米女性論の比較」と題して講演を依頼されたころ、アメリカでは「女性解放論」が、日本では「自立論」が主流だった。日本語の自立を英語に訳そうとして適切な英語がないことに気付いた。Independent, Self-esteem, Identityどれも適切ではない。日本の「イエ」社会、日本的意識構造の中で、どのようにして「個」を確立し、自己確立すべきかを問うた講演だった。「Women's Jiritsu」を「The concept of ie（family）」という日本的概念から論じた。この講演は「Woman's Jiritsu and Christian Feminism in Japan」と題してThe Japan Christian Review に掲載された。私たちキリスト教女子教育に携わる者には、日本的問題点を念頭に日本における「キリスト教女子教育」の重要性を明確にする責任がある。

東京女子大学の初代学長として

建学の精神「犠牲（Sacrifice）と奉仕（Service）」英語表記「Sacrifice and Service」か「Service and Sacrifice」か

新渡戸先生は一九一八年に多くの国内外の責任を終えて五六歳で東京女子大学初代学長に就任された。先生は難しい神学を語るのではなく、身に着いた信仰から形成された人格が人を感化することを理想とされた。その理念に立って、キリストの精神を現す標語として「犠牲と奉仕」を選ばれ、英語表記「Sacrifice and Service」の頭文字を組み合わせて校章とされた。

新渡戸学長は東京女子大学学長に就任後国際連盟事務局次長に就任され、安井てつ学監にお任せしてジュネーヴに赴かれた。一九二二年第一期生を送り出す時には、ジュネーヴから次のような祝辞を送られた。

「前略　私は、永く異郷に留まって各国の人々と交わり、各種の民族と接してみるに彼らの中には、極端な王党もあれば、共産主義もあり、愛国一点張りの者もあれば、万国共愛論者もあり百人百色の説を抱く人々につき合って、益々犠牲と奉仕の念なくば、人としての業務を全うし得ないこと、否一歩進めて申せば、この二つの精神があってこそ二足の動物が人間となることを感じます。蓋し基督教の倫理的大綱もこの中にあると思います」（一九二二年一月一九日）

新渡戸先生は一八七八年（明治一一）年に内村鑑三、宮部金吾とともに札幌農学校時代に洗礼を受けキリスト者となられたので、「犠牲」とは誰かの犠牲になるというような人と人の間の問題ではなく、絶対者である神との関係性の中に語られた犠牲であった。ジュネーヴからの祝辞を「基督教の倫理的大綱もこの中にある」と結んでおられることからも、人間的に誰かの犠牲になるという意味ではなく、十字架上の犠牲に立った理念、すなわち神との関係性に樹立される縦軸を明確に示したものである。その上で人と人の関係すなわち横軸が樹立されれば、他者の意見に振り回されない確固とした人格が形成されるという意味で、校章に「犠牲」を選ばれ、英語では「Sacrifice」と説明された。座標軸がしっかり樹立されている時、私たちは「ぶれない個」人格が形成され、奉仕「Service」することができる。

安井てつ第二代学長も「東京女子大学のSSの徽章が、犠牲奉仕の頭文字を組み合わせたもので、新渡戸氏の発案である」と述べておられる（『安井てつ伝』昭和二四年、東京女子大学同窓会、二一九頁）。

現在東京女子大学校章のSSマークについて、大学案内には「Service and Sacrifice」と記されている。私が一九五一年に入学した時にはどの授業でも「Sacrifice and Service」と説明された。歴史を専門とする私はこの世を去る前に、納得のいく解答がほしいと思い調査した。現在卒業生の中でも二通り使われていることに気づいた。卒業生の努力により一九九八年に『旅人われらⅠ』が二〇〇七年に『旅人われらⅡ』が出版された。一〇〇周年を記念して『一〇一のストーリー』も出版された。『旅人われらⅠ』では、約三分の二の方々が「Sacrifice and Service」と、『旅人われらⅡ』では、約半数の方々が「Sacrifice and Service」と、『一〇一ストーリー』では、どなたも触れていないことが分かった。

新渡戸初代学長がキリスト教の真髄から「犠牲（Sacrifice）と奉仕（Service）」と言われたにもかかわらず、それ以降の歴史で明確になっていないことは残念である。私は東京女子大学の土台を据えた初代学長、二代学長安井てつ、太平洋戦争の過酷な時代にキリスト教理念を守り通してくださった第三代学長石原謙がどのように継承されたかを東京女子大学一五年史、五〇年史などから検証した。

新渡戸先生は、前述のジュネーヴからの祝辞にもあるように「犠牲と奉仕」と述べ、安井てつ第二代学長も「犠牲と奉仕」と日本語で述べ（『安井てつ伝』二一九頁）、石原謙第三代学長は明確に「Sacrifice and Service」と、東京女子大学創立三五周年記念礼拝において「神の初めたまいし善き業」と題するメッセージの中で明言されている（石原謙著作集　第一一巻、一七六頁）。

『東京女子大学五十年史』では「徽章と校歌」の中で「一九一八（大正七）年第二学期に、新渡戸学長の提唱により本学の精神を表すものとして犠牲（Sacrifice）と奉仕（Service）の頭文字SSを十字に組んで徽章として認定した」（『東京女子大学五十年史』五四頁）とある。キリスト教史家であられる第三代学長石原謙先生は東京女子大学創立三五周年記念礼拝メッセージで明確に「犠牲と奉仕・Sacrifice and Service」の神学的な順序を解説された。

一九五一年に私が入学した時には、石原謙先生から徽章の意味をチャペルでまたはクラスで直接教えていただいたにもかかわらず、現在「Service and Sacrifice」と一般化されていることに疑問を抱く。

『東京女子大学五十年史』が一九六八（昭和四三）年に出版された翌年、松隈俊子氏（東京女子大学寮監・学生主事）による『新渡戸稲造』がみすず書房から出版された。校章の制定の項目で、「やはりこの学校の精神を現わすのがいいと思う。たとえば、犠牲と奉仕ということばほど、この精神を代表するものはない。また、みなさんの全生涯を通じてこの精神ほど大切なものはないと思う。英語ではService and sacrificeだ」（二二九〜二三〇頁）と。この一年前に出版された『東京女子大学五十年史』で犠牲（Sacrifice）と奉仕（Service）と確認されていたが、ここでの英語部分の順序が入れ替わり、一九九八年に出版された『東京女子大学の八十年』にも踏襲され、今日まで影響していることを残念に思う。

若き日に石原謙先生の薫陶を受け、卒業生として初めての第一三代学長として二期八年母校とともに生きた者として、英語表記を「Sacrifice and Service」に統一されることを心から願う。

第四章

東京女子大学創立九〇周年と一〇〇周年記念講演・礼拝

創立九〇周年記念講演（二〇〇八年四月二〇日）

「東京女子大学の九〇年の歴史とこれから
——キリスト教を基盤とした本学のリベラル・アーツ」

①　創立から今日までの歩みと求められる新しい展開

東京女子大学は一九一〇年、エディンバラで開かれたキリスト教世界宣教大会における提案に基づき、北米プロテスタント諸教派の援助のもと、東京府豊多摩郡淀橋町字角筈（現在の新宿）を校舎に一九一八（大正七）年に開学しました。新渡戸稲造初代学長、安井てつ学監、A・K・ライシャワー常務理事らが本学の基礎を築きました。一九二四（大正一三）年には校地を東京府下豊多摩郡井荻村（現在の杉並区善福寺）に移し、多くの優秀な人材を世に送り出してきました。

また戦後の学制改革にともなう新しい学校教育のもと、いちはやく一九四八年に、哲学科、国文学科、英文学科を有する文学部からなる東京女子大学として発足しました。一九五〇年に社会科学科を増設し、同時に英語科、国語科、数理科、体育科を有する文理学部となりました。さらに、一九八八年には短期大学部を四年制へ改変し、現代にふさわしい学際的内容をそなえたコミュニケーション学科、地域文化学科、言語文化学科の三学科を有する現代文化学部が発足しました。

一九九七年に現代文化学部が牟礼から杉並区善福寺に移転しキャンパスが統合されたことにより、学科別の研究領域（dicipline）に重点を置いてきた文理学部と現代性・学際性・国際性を目指す現代文化学部が協力して「現代の求めるリベラル・アーツ教育」を充実しようという新しい展開が本格的に求められるようになりました。二〇〇九年度より二つの学部を統合・再編して「現代教養学部」が発足します。新しい学部ができましても、現在の在学生が卒業するまで文理学部も現代文化学部も今までと全く変わることなく存続し、同じ「キリスト教を基盤としたリベラル・アーツ」の理念のもと教育が行われます。

私は、このような過渡期に、卒業生として初めての学長を務めさせていただいていることに深い摂理を感じています。先ほど一九五〇年に本学に短期大学部が併設されたと申しましたが、私は一九五一年、短期大学部英語科の二期生として入学いたしました。そして一九五三年、文学部社会学科西洋史専攻に編入学し一九五五年に卒業しました。ということは、私の体の半分は現代文化学部の前身である短期大学部に、もう半分は、文理学部の前身である文学部に属しています。両方とも発展的に解消されて現在はありません。しかし、現在も東京女子大学の卒業生として、心から誇りを持っています。それは、創立以来地下水の如く脈々と流れてきた「キリスト教を基盤としたリベラル・アーツ」教育を共有しているところに原点があるからです。

②　本学のキリスト教

一九九〇年に、パリで開催された万国博覧会の会場で、審査員として渡欧しておられた新渡戸稲造先生と、ちょうど英国での学びを終えて帰国の途にあった安井てつ先生が出会われたことには、神の深い導きを感じます。お二人とも日本の女子教育の必要性を早くから提唱され、またお二人ともキリスト者であったからです。それから一八年後に本学は創立されました。私は本学のキリスト教は、初代学長新渡戸稲造と第二代学長安井てつ時代に種蒔かれ、育てられ、第三代学長石原謙時代に戦時下の試練の中で強化され、今日があると思っています。

初代学長新渡戸稲造先生は、雑誌『新女界』の一九一八年一月号で「基督教主義の女子大学」と題し、東京女子大学のキリスト教について次のように述べています。「入学するものを悉く信者にするとか、教会に入る事を強制するとかの考はないけれども、心持ちだけは基督の心持にしたい。己を犠牲にしても、国の為め、社会の為め、人道の為め（中略）に貢献する精神を奨励したい」と。ここで新渡戸学長が言われた「基督の心持」は、第二代学長安井てつ先生の「サムシング」に受け継がれました。

この二つの言葉は、本学のキリスト教を説明する時には必ず引用されますが、その言葉からだけでは具体的な内容が明確ではありません。私は新渡戸学長の「人はどこか動じないところ、譲れぬという断固とした信念がなければならない。人格神との関係性、対話性の中に人格は形成される」という言葉が、本学のキリスト教の内容をさらに明確に説明していると思っています。人格形成において、人と人の間、横の関係、水平的関係のみでは不十分であり、ゆるぎない人格神との垂直的縦関係、ヴァーティカル・リレイション（Vertical Relation）が必要であり、この意味を含めて新渡戸先生が「基督の心持」と、安井先生が「サムシング」と表現されたと考えています。

一九二二年三月二五日の第一回卒業式において、安井学監より朗読された新渡戸学長の祝辞の中に、「キリスト教と人格形成の理念」が凝縮されていると思います。本学の教育は、「基督教の精神に基づいて個性を重んじ世の所所謂最小者（いとちいさきもの）をも神の子と見做して、知識よりも見識、学問よりも人材を尊び人材よりは人物の養成を主としたのであります」と（国際連盟事務局長として赴任したジェネーヴから送られた）。

安井てつ先生も学長就任の辞において、キリスト教主義の人格教育について、「個人及国民の有する最大資産は人格であると信じます。而して最も崇高なる人格を理想とし、是に同化させられ度いと云う憧憬と努力とに依って品性の淘治はなさるゝものと思います」と述べられました。

新渡戸先生と安井先生の発言から明確であるように、本学における人格教育は、キリスト教の人格神との関係性が前提とされます。だからこそ、新渡戸先生は、在学中にキリスト者とならなくてもよいが、「基督の心持」だけは持ってほしいと学生たちに訴えたのです。「人格」と「人材」「人間」との違いは何でしょうか。キリスト教の概念を抜きにして真の回答は得られません。ここに本学の人格教育の基盤があります。キリスト教の神は、父なる神、子なる神、聖霊なる神、すなわち三位一体の神です。聖書の中には三位一体、トリニティ(trinity)という言葉はありません。二世紀の教父テルトゥリアヌスが初めて用いた言葉です。父なる神も、子なる神も、聖霊なる神もPersona（格）を持ち、この三つの格が愛によって交わって一つの神という意味です。新渡戸先生も安井先生も三位一体の神との交わり、あるいは畏敬の中に人格「personality」は形成されると説きました。新渡戸の「ヴァーティカル」、安井の「サムシング」は、キリスト教人格論の実現についての大切な言葉なのです。

③　戦時下に強化された本学のキリスト教

東京女子大学のキリスト教を語る時、忘れてはならないもう一人は第三代学長石原謙先生であると思います。一九四〇年から一九四八年、まさに戦前、戦中、戦後の激動の中を献身的に学長を務め、本学のキリスト教を守り抜いてくださった学長です。一九四四年、軍部からの校舎の転用計画により、チャペルを含む講堂の提供を迫られた時も、石原学長は、「チャペル、講堂こそは、東京女子大学のシンボルともいうべき大事な神聖な場所であり、ここを失うことは、東京女子大学を失うにも等しい」と三週間にわたって頑強に主張され、これに応じませんでした。代わりに本校舎を提供することで落ち着きましたが、この時を境に、戦争非協力者とマークされ、苦難の日々が続きました。「土曜日の全学礼拝に、学長は渾身の力を集中し、（中略）説教を行ったが、（中略）従来サムシングという言葉で表現されて来たものとは全く異質的な、きびしいキリスト教そのものを学んだ」と当時の様子が書き残されています（『東京女子大学五十年史』）。

一九一八年開校式次第には、聖書朗読、勅語捧読、君が代、祝祷と並んでいます。一九三三年創立一五周年祝賀式次第にも君が代、勅語捧読、聖書朗読が続いています。しかし一九四三年軍部からの圧力が厳しくなっていた時代の創立二五周年記念式次第には「君が代」も勅語捧読もありません。校旗のそばに立つ石原学長の写真が『東京女子大学の八十年』の六二頁に収録されています。本学のキリスト教の歴史ばかりではなく、日本のキリスト教史にとっても重要な出来事であると思います。『東京女子大學五十年史』には、「本学最大の受難期において、石原学長が軍国主義の怒涛から本学の建学の精神を守り抜こうとした信念の強さ、学究としての理想の高さは、将来においても本学の精神的支柱としての歴史的意義を有するもの」であると明記されています。私はこの先生の生き方に感動して歴史神学の道を歩むことになりました。

新渡戸先生の「ヴァーティカル」、安井先生の「サムシング」が、本学の受難期に消え去るのではなく、かえって強化されて本学の精神的支柱を形成したことを再確認し、一〇〇周年につなげていかなければならないと確信しています。またこのキリスト教の支柱があってこそ、本学のリベラル・アーツは今日までの成果を生み出してきたと思うのです。

④　本学のリベラル・アーツ

一九五一年に私が入学した時、最初に手にした英語のテキストは、A・K・ライシャワー著「Our College」でした。最初のパラグラフに東京女子大学がリベラル・アーツ・カレッジであることが明記されていました。受験英語では習わなかった言葉に驚きと興味を持ちました。

リベラル・アーツのルーツのアルテス・リベラーレスは、古代ギリシャまで遡ります。それは、自由人の資格に必要な基礎的知識を身に付ける教育として成立しました。

プラトンをはじめとする古代ギリシャ人によって受け継がれ、六世紀初頭に活躍したローマ人ポエティウスによって中世ヨーロッパに紹介されました。そして、キリスト教に受け入れられて、教会附属学校などの教科にも組み入れられるようになりました。

アルテス・リベラーレスは日本では「自由七学科」として知られています。七つの基礎科目です。最初に学ぶのは、言葉の学問で、文法、修辞学、弁証学の三科目からなっていました。すなわち、まず言葉についてじっくり学んで、聖書などの重要文献を読んで、解釈する力を身につけた上で言葉を用いて表現する技術を磨くことが求められました。

その上でさらに四科目を学ぶのです。算術、幾何学、天文学、音楽です。そこには深い理念が込められていたのです。算術に始まり、それを平面上に応用した幾何学へと進む。さらに天空にちりばめられた星の間には比較的調和が存在し、そのために落ちることなく天上にとどまっていると考えたことから、天文学が学ばれるようになりました。さらに、そのような数比的調和は、宇宙全体をも律していると考え、そのような調和を学ぶ手がかりとして、音の高さと数比の関係を学ぶようになり、それを「音楽（ムジカ）」と呼ぶようになったと金澤正剛氏は解説しておられます。

このように歴史的に深く広い意味を持つアルテス・リベラーレス（リベラル・アーツ）が日本においては、戦後の大学改革の取り組みの一つとして、米国のリベラル・アーツを参考に、いわゆる一般教育、一般教養、共通科目という名称のもとに、実施されました。すなわち、リベラル・アーツの本質的な要素が欠けたまま今日に至っていると言えます。学問の細分化が進み、国際競争がますます厳しさを増す中で、多くの大学から「今、なぜ教養教育か」の問いが発せられています。このような時に本学が九〇年間培ってきたリベラル・アーツを検証することはとても大切です。それでは本学のリベラル・アーツ教育について考えてみたいと思います。

⑤「心を自由」にし真理を探究する教育

新渡戸学長は『内観外望』の中の「大学の使命」において、「教育の目的は心をリベラライズ（自由）し、心をエマンシペイト（解放）することである」と述べました。リベラル・アーツ教育の本質はいろいろな分野の知識を自由に選択して幅広く修得するだけの教育ではなく、既成概念から自由にされ、解放され、何が真理かを自由に考え学ぶ教育であると言えます。軍国主義教育を受け、チャペルの塔にまだ迷彩色が残っていたころ入学した私は、本学の教養教育に触れ、心が自由にされ解放され「お国のために命を捧げる」のではなく、「社会のために生きる個の確立」を学び、「なりたい自分を発見する」ことができました。「リベラル」という言葉の意味は、「一般」ではなく「自由」です。

⑥ 知識「knowledge」を英知「wisdom」に変えていく教育

二一世紀は新しい知識・情報・技術が政治・経済・文化をはじめ社会のあらゆる領域での活動の基盤として重要性を増す、いわゆる「知的基盤社会」（knowledge-based society）の時代と言われています。紛争の激化、人間関係の緊張、ビジネス・行政・政治の世界での激論の中で、自己の主張を明確に示すためには、知識の詰め込みだけでは対応できません。知識を土台として自ら考え判断し決断する能力、観察力、想像力、指導力が必要です。「知識」を「英知」に変えていく教育がリベラル・アーツ教育です。

安井てつ先生は「CollegeにはProfessionalの性質を有つものとLiberalの性質を有つものがあります。（中略）或種の教育は直接生活に必要なるものを授くるのでなく、人間生活を理解するに足るべき根本知識を与えて、特別の仕事に従事する基礎を造ることを目的とするものであります。すなわち職業教育の基礎又は背景を造るものであって、甲（前者）は直に教育の結果を予想し、乙（後者）は最善なる結果を将来に収めんがために其の基礎となるべきものを重大視するものであります」とすでに就任の辞で述べておられます。安井先生が言われるように職業的人材を育てるよりも、「根本知識」「英知」を授けることを重要視するのが本学の教養教育です。

⑦ 個を確立し、生きる自信と責任を与える教育

本学の英語名は「Tokyo Woman's Christian University」です。「Woman」は単数です。個が集団の中に埋没しがちな日本的社会の中で個の確立を目指す、一人ひとりを大切にする教育を当初から推進しました。個が確立されると初めて、社会において責任を明確に取り得る人物

となるのです。新渡戸先生が第一高等学校の校長を去る時に学生たちに述べた「Personality（人格）のないところにはResponsibility（責任）は生じない」という言葉は、今も人々を生かす言葉です。

本学の特徴の一つとして少人数教育があげられますが、そこで教員と密に関わることで、学生たちは刺激を受け新しい見方、考え方に目が開かれていきます。またカリキュラムも専門の学問領域を超えて、複数の学科の学生と交われるように工夫されています。一つの真理をいろいろな視点から学ぶことによって複眼的視野が広がるように工夫されています。そのような環境の中で「知に感動し、知と向き合い、知を磨き合い、」自分が見えてくるのです。キリスト教を基盤としたリベラル・アーツ教育こそ、一人ひとりに生きる力と自信と責任を与える教育です。

⑧　ソシアリティ（公共の精神）を形成する教育

新渡戸先生は、人間と人間との交わりにおける和、この横の関係、水平的・ホリゾンタル・リレイションが社会を変えていくと述べ、この心をソシアリティと説明しました。「人間は大きな心で人と和して行かなければならない。絶対を盾に取り、理屈を一里も曲げずに、他人をことごとく小人視して、我独り澄めりという心がけでは、世の中は少しもよくならない。どれほど高い理想を抱こうとも、実行に当たっては譲れるだけ譲り、折れるだけ折れていくのが大切である」と。「犠牲（Sacrfice）と奉仕（Service）」の英語の頭文字SSを十字に組んだ本学の校章によく示されています。

本学が歴史的に行ってきた「キリスト教を基盤としたリベラル・アーツ教育」によって、知識や技術だけでなく、人間とは何か、生きる目的とは何かを追求し、判断力、決断力、困難を克服できる人間力を備え、社会の中で責任ある行動を毅然として取りうる人物に成長し、本学の建学の精神を次世代に伝えてくださることを心から願って講演を閉じさせていただきます。

創立一〇〇周年記念講演（二〇一八年一一月二日）

「二一世紀が求める女子大学——変えてはならないこと・変えるべきこと」

久しぶりに母校の講堂に立たせていただき胸が一杯な思いです。東京女子大学が九〇周年を迎えました時は、ちょうど私は本学の学長でしたので、この講堂で「東京女子大学九〇年の歴史とこれから」と題して講演をさせていただきました。あれから一〇年を経て、一〇〇周年の記念すべきこの時に、もう一度ここに立たせていただける幸いを心から感謝しております。「一〇〇周年、心からお慶び申し上げます」。今回は、「女子大学の新たな使命」という題をいただきましたので、歴史を専攻する者として、「変えてはならないこと、変えるべきこと」という視点からお話ししたいと思います。

まず一〇〇年の歴史の中で、「変えてはならないこと」をしっかりと踏まえた上で現代と未来を見据える必要があります。以下の四つのポイントに添って進めさせていただきます。

① 明治初期〜大正時代になぜ女子教育機関が多数設立されたか

明治政府は近代国家と社会を建設するために、教育の果たす役割を早くから認識し、全国民に普通教育制度を普及しようと努力したことは日本の教育史上特筆すべきことであると思います。しかし、今日の義務教育制度とは異なり、一八七四（明治七）年に提出された官公、私立の統計によりますと、当時設立された三二の中学で男子生徒三一二五人に対して女子生徒は二八人という状況でした。

しかし明治九年、女子生徒の数が飛躍的に伸び一一一二人に、同一二年には実に二七四七人に増加したのです。これは明治初年に来日した宣教師たちにより、キリスト教人格論に基づいた教育が、私立学校を中心に推進されたことによります。女性の人格の確認という近代精神に基づき、長い間男性の隷属下に置かれていた女性たちに新しい息吹が吹き込まれました。また、キリスト教人格論は、国家主義的・唯物主義的・破壊的思想の下にあった男子青年たちへも大きな影響を与えました。

明治初期、女子教育機関が設立されたころの社会的事情を見ますと（第三章49頁、年表参照）、一八七三（明治六）年、切支丹禁制の高札撤廃、一八八九（明治二二）年、森有礼暗殺、一八九〇（明治二三）年、女子の政党加入及び政治演説の禁止、一九〇〇（明治三三）年、治安警察法公布―女子政治活動禁止、一九一七（大正六）年「学問をすると女は子を産まなくなる論争」など女性が羽ばたける状況にはありませんでした。そのような中で、キリスト教女子教育のための学校が次々に創立されたことに注目したいと思います。宣教師によって創立された女子教育機関は数多くありますが、津田塾大学、日本女子大学、東京女子大学、広島女学院は全て日本人キリスト者によって創立されているところに特質があります。

津田梅子先生は一八七三（明治六）年に受洗され、一九〇〇（明治三三）年、女子英学塾、現在の津田塾大学を設立されました。成瀬仁蔵先生は男性キリスト者として、一八七八（明治一一）年に受洗され、一九〇一（明治三四）年、日本女子大学校、現在の日本女子大学を設立されました。日本人の男性キリスト者によって創立され、設立後すぐに女性リーダーにバトンタッチされた女子教育機関・女子大学が二つあります。一つは広島女学院、もう一つは東京女子大学です。広島女学院の創立者砂本貞吉先生は一八八一（明治一四）年に受洗され、一八八六（明治一九）年に広島女学会、現在の広島女学院を設立され、すぐにナニ・ゲーンス女史にバトンタッチされました。また、新渡戸稲造先生は一八七八（明治一一）年に受洗され、一九一八（大正七）年に東京女子大学の初代学長になられ、すぐに安井てつ先生にバトンタッチされました。お二人とも後方支援に回られ、当時の女子教育をサポートされたところに特質があります。

このように、明治の初期から大正にかけて女子教育機関が多数設立されていた中から、この四つの女子大学が、本日ここに使命を共有して集合しているということは、摂理であり感激しております。津田梅子先生による津田塾大学、成瀬仁蔵先生による日本女子大学、砂本貞吉先生、ナニ・ゲーンス先生による広島女学院、新渡戸稲造先生、安井てつ先生による東京女子大学です。共通して言えることは、どの女子大学のリーダーも「人格教育の実践者」であることです。すなわち「座標軸に位置づけた、個の確立・人格形成」を推進された方々です。お一人お一人について取り扱いたいのですけれど、時間がありませんので、人格教育で最も多くの書物を残しておられる新渡戸稲造先生の言葉を中心に女子人格教育の内容について考えてみたいと思います。

② 人格教育の本質――座標軸に位置づけた個の確立

私事になりますが、戦争が終わって六年後の一九五一年に神戸から上京して、東京女子大学に入学しました。両親の恩師であり、私の保証人でもありました第三代学長石原謙先生から、入学祝いに新渡戸稲造著『内観外貌』をいただき、今はなき東寮の一室で夢中に読みました。最も感動した言葉は、「学問の第一の目的は、人の心をリベラライズ（自由に）するということ、エマンシペイト（解放）することである」でした。

現在、私は八六歳を迎えました。ということは戦前・戦中・戦後を生き抜いた世代です。女性は男性の三歩下がって歩くことを教えられ、選挙権も与えられていない時代を生き、英語は敵国の言葉だから使用禁止となり、英語を勉強することができなかった世代です。戦争が終わって六年目に東京女子大学に入学して手にした新渡戸稲造先生の『内観外望』が、私の人生を変えたと言っても過言ではありません。当時本館の二階にありました図書館にこもり、夢中で新渡戸先生の数々の著書を読みました。東京女子大学の学生時代に学んだ「キリスト教に立脚した人格形成、座標軸に位置づけられた個の確立、ぶれない個の確立」が土台になって、今日までの六十数年間を歩んで参りました。森有正先生は、「日本文化は二人称文化である」と言われました。「もしもあなたがそうおっしゃるならば私は……」と一人称が後から出てくるからです。これでは、どんなに英語ができても国際的に太刀打ちできません。真の人格形成が必要なのです。

それでは、新渡戸先生の言葉から人格教育について確認いたしたいと思います。新渡戸先生は、人格を「Personality」という言葉で表現しています。人格の確立には垂直的関係（Vertical Relation）が必要であることを強調されました。そうして人格が形成されて初めて他者との関係「Sociality」が樹立されると。これこそが女子人格教育の原点であることを強調されました。いくつかの言葉を紹介しますと――

・西洋人はパーソナリティを重んずる。パーソンすなわち人格である。日本では人格という言葉は極めて新しい。私共が書生の時分には、人格という言葉はなかった。パーソンという字は詳細に調べると、メンという意味とは違って『人たる』という字である。格といっても資格というような意味は毛頭ない」

・「人はどこか動じないところ、譲れぬという断固とした信念がなければならない。人格神との関係性、対話性の中に人格は形成される」

・「Personality（人格）のないところにはResponsibility（責任）は生じない」（一高生に）

・「知ること（to know）よりも実行すること（to do）、実行することよりも存在すること（to be）が大切である」

・「人間は大きな心で人と和して行かねばならない。絶対を楯にとり、理屈を一理も曲げずに、他人をことごとく小人視して、我独り澄めりという心がけでは、世の中は少しもよくならない。どれほど高い理想を抱こうとも、実行に当っては譲れるだけ譲り、折れるだけ折れて行くのが大切である」

私たちは新渡戸先生が生涯をかけて築いたキリスト教に立脚した人格「Personality」と、寛容の精神に立った横のつながり「Sociality」を、次の世代に継承する責任があります。冒頭に大学名をあげました津田塾大学、日本女子大学、広島女学院大学、東京女子大学はすべてキリスト教に立脚した人格教育を土台とした女子教育機関として創立されました。共学化の進む現代においても、女子大学として大きな使命を担っていると確信いたします。

それでは、次に新渡戸先生の「女子人格教育の必要性」について確認したいと思います。

・「所謂良妻賢母主義は、人間を一種の型にはめ込むようなものである。日本の女子教育は、女を妻か、母か、娘かいずれかにしてもひとり立ちの人間らしくない男の付属品のごとく見ている。一個の人間として立派にでき上がった婦人（人格）ならば、妻としては良妻、母としては賢母である」（『婦人に勧めて』）

・「婦人の方でも特に学才の在る人がせめて独立自営するためになる位の教育を受けておかなければ、万一の不幸に打ち克つことは出来ますまい。またその父兄もその娘に保険料でもかける考えで、進んで高等教育を授けてもらいたい。結婚の衣装に大金を投ずる

だけが親としての責任ではなく、衣装以上の頭を持参させるようにしたいものである」（前掲書）

・「婦人が偉くなると国が衰えるなどというのは意気地のない男の言うことで、男女を織物に例えれば、男子は経糸、女子は緯糸である。経糸が弱くても緯糸が弱くても、織物は完全とは言われませぬ」（一九一八年東京女子大学開校式式辞）

・「入学するものをことごとく基督信者にするとか、教会に入ることを強制するとかの考えはないけれども、心持ちだけは基督の心持ちにしたい」（『新女界』）

・「婦人をして真の位置を獲得せしむるために百年間の準備が必要である」（『人生雑感』）

新渡戸稲造先生が亡くなられたのは一九三三（昭和八）年で、私が一歳の時だったことにある日気づきました時、力不足ですが先生の意思を引き継ぐ責任があると思いました。日本女性の自立を妨げている問題に挑戦していかねばならないと新しい力が湧いてきた思いが致しました。それでは、先人の意思が現代日本に継承されているかどうかを検証したいと思います。

③　女性の社会的活躍を阻害する障害への挑戦

私は日本人女性として世界的に活躍するために、「女性の社会的活躍を阻害する日本特有の障害がある」ことに気づきました。「二〇一七年度日本のジェンダーギャップ指数は、過去最低を更新し一一四位になった」ことをご存じでしょうか。

二〇三〇年を境に日本では生産人口が減り、総人口の三割が六五歳以上になり、さらに二〇四〇年代には高齢者人口が人口の半分になると言われています。女性の社会的活躍がますます必要とされますのに、日本では法律は整ったのに女性が社会で働きにくい環境にあることを、真剣に認識し、早急に改善できるところから改善すべきであると思っています。

私は三人の子育てを経験し五七年間仕事を続けてきました。今から六三年も前のことになりますが、一九五六年フルブライト奨学生として渡米した時アメリカ女性の社会的進出の様子に大きな衝撃を受け、日本女性の地位向上に貢献したいと願いつつ帰国しました。多くの苦労を重ね一九八五年にやっと男女雇用機会均等法ができました時には、すでに子どもたちは社会人、大学生、高校生になっていました。

五十数年前、保育園もない時代に子どもを置いて働くと、ＰＴＡのお母さんから、「湊さん」と呼び止められました。「お子さんを置いてお仕事なさると、お子様をダメになさいますわよ」と注意を受けたのです。カッとするのではなくて、ニコニコして、「ご忠告ありがとうございます」といつも言っていました。でも心の中では、「日本は世界から置いていかれるわよ」と言っていました。「がんばらねば」と社会的諸問題と闘ってきました。あれから半世紀経った昨年のジェンダーギャップ指数が世界で一一四位とは、少し悲しくなります。

少子化の影響は、東京にいる時はあまり深刻に考えておりませんでしたが、二〇一四年から初めて地方の女子大学の学長を務めるようになり、日本における深刻さを実感しています。一学年の定員が六〇〇～七〇〇人の地方の小規模の大学では、七一・二％が定員割れを起こしているのが現状です。広島女学院大学も恒常的に定員割れを起こしていた状態でしたが、二〇一四年に就任と同時に組織改革及び教学改革に取り組み、定員を満たし安定させることができました。これからも地方大学の定員確保の危機は、ますます深刻になりましょう。地方では共学化が進んでいます。私は日本における女子大学の存在はまだまだ必要ですので、最後の一校になっても女子大学を守りたいと願っています。

五七年間子育てをしながら働き続けてきた経験から、日本では法律もでき、働き方改革も進み、保育園も私の子育て時代には考えられないほど整ってきたのに、「なぜ二〇一七年度日本のジェンダーギャップ指数が、過去最低を更新して一一四位になるのか」を考えます時、いくつか早急に改革しなければならないことに気づきます。二点だけ挙げさせていただきます。

戦後旧民法の家制度は廃止されましたが、「家意識」だけは今も日本社会に根強く残っていることへの挑戦が必要だと思っています。女性に関わる言葉で、英語にならない言葉が、現在も一般的に使われていることは何を意味するのでしょう。私は、日本的意識構造を変革する必要があると強く思っています。

日本的「イエ」意識を克服する必要があります。これは男性にも女性にも求められることだと思います。家庭は英語では「Home」です。住む家は「House」。家族は「Family」、血のつながりの関係があります。日本の土壌における問題点というのは、イエなのです。英文で論文を書く時は、「Ie」とローマ字で書かねばならないところに問題があるのです。家意識からの脱却が必要です。例えば籍を入れる、嫁に行く、女へんに古いと書いたら姑、女へんに家と書けば嫁、女へんに箒と書けば婦人の婦。女、女性、婦人という日本語の中で、「女と女性」は「Woman」と英語になりますが、「婦人」という日本語は英語になりません。女、女性は「Woman」です。それに対応する「男、男性」は「Man」です。淑女は「Lady」、紳士は「Gentleman」、妻は「Wife」、夫は「Husband」。それでは婦人は？　殿方は？　殿方というのは温泉では見かけますが、ほとんど使われません。しかし婦人は、婦人会や聖書の翻訳にも使われます。英語に翻訳できない婦人の「婦」は、旧民法の名残ですので、意識して女性の地位を明確にする表現に変革すべきでしょう。

私は新渡戸先生が言われたように、男性は経糸、女性は緯糸であり、同格の役割がある存在であると思います。若き日に、結婚の意思決定をするのに悩みました。アメリカでの女性たちの活躍ぶりを経験して、結婚をあきらめかけたことがあります。その時、科学者だった彼からもらった化学方程式の手紙で結婚を決断したことがあります。「水酸化ナトリウム（ＮＡＯＨ）に塩酸（ＨＣＬ）を加えて電気分解すると、食塩（ＮＡＣＬ）の美しい沈殿ができると。この時一価のナトリウム・プラスイオンには、一価の塩素マイナスイオンしか化合しない。一価ずつのイオンでしか化合物はできない。「どちらがプラスイオンでもマイナスイオンでもいいではないか。美しい食塩の結晶を生涯かけて作ろうではないか」と書いてあったのですね。納得して結婚を決断しました。この原理に立って、日本的意識構造の変革に少しでも役に立ちたいと思い、生涯日本の女子教育の現場で働いてきました。土井たか子さんとは神戸西須磨小学校の同窓でもありますので、一緒に法律作成にも努力いたしました。先にお亡くなりになられて、たいへん残念です。

もう一つ女性のジェンダーギャップ指数を上げるために努力している問題は「選択制夫婦別姓」の問題です。この問題について、私は生涯戦ってきました。せっかく結婚した彼は四四歳で亡くなり、三人の子どもたちが残されました。子どもたちが全員家庭を持って独立して、一人になり六二歳で再婚しました。彼は肺炎を悪化させ、結婚生活四年半で亡くなりました。ということは、私には三つの姓があることになりました。結婚前の姓と、湊という姓と、そして六〇過ぎてからの姓です。結婚前に書いた本、論文がいくつかあります。これはインターネットで、湊で引いても出てこないですね。現在の大学でのオフィシャルな名前は湊ではありません。公文書のサインは、再婚した名前になります。ですから私の身分が三つに分断されてしまうのです。

これは女性にとっても、男性にとっても大きな問題です。最近では結婚する時に彼女の家の姓を名乗っている男性もたくさんおられます。今年の二月二日の朝日新聞に、夫婦別姓について男性からの問題提起が掲載されました。妻の姓に改姓した男性四人が国を相手取り東京地裁に訴訟を起こした記事でした。「男性も女性も、結婚しても働きやすい社会を実現する必要を覚えます。選択制夫婦別姓を実現すべきです」と結ばれていました。

マイナンバーも、戸籍謄本も、住民票も。統一した名前で取れるようにすれば、結婚する人も、子どもを持つ人も増え、必ずやジェンダーギャップ指数も下がるはずです。一生涯キャリアを全うすることができる世界を作りたいと思います。

④「女性が輝く社会の実現」に向けて

世界的にキャリアという言葉が用いられていますが、厳密な定義は定っていません。「生きること」と「働くこと」のかかわりを考えることが、「キャリア」という言葉で世界的に表されていると言えます。一般に、「キャリアとは、ある人の人生における長期的な職業経験の軌跡とそれへの意味付け、および職業プロセスを通じて形成された職業能力の集積である」と定義づけられています。キャリアというとどのような日本語を思い浮かべるでしょうか。「働く」「仕事」「職業」「労働」という言葉に置き換えられます。職業と労働はどのように異なるでしょうか。金銭化される労働だけが職業であり、キャリアでしょうか。私は子育て時代に「労働の意味」を明確に理解できた時に、落ち着きを取り戻すことができた経験があります。私たちは、無意識のうちに労働者と言うとホワイト・カラーより低く見ていないでしょうか。男性も女性もともに多くの時間を働くために費やし、生きるために労働して一生を全うするのです。

古代ギリシャでは労働を「奴隷及び下層階級の人たちの仕事」と低く位置づけ、中世では「労働と祈り」を最高であると、「宗教改革時代には神からの召命（Calling）」と位置づけました。報酬が得られる労働・職業も「Calling」です。報酬が得られない子育ての時期及び定年退職後名刺の肩書きがなくなってからの労働も「Calling」です。したがって「労働」も「職業」も同じレベルの言葉であることにある時気づきました。この様に考えてきますと、キャリアには先ほどの定義には入りきれない概念があるのです。私は「職業キャリア」から「ライフキャリア」に転換すべきであると思っています。そこで私はキャリアを次のように定義することにしています。「報酬が得られる職業についている時だけがキャリアではない。具体的に金銭化されない労働がある（主婦労働、ボランティア、文化形成活動、定年退職後の労働など）。各個人が全生涯にわたって形成した労働生活全体がキャリアである」と。

幸い現代では成果主義の導入や育児休業の普及などで、性差にかかわらず働ける環境が私の時代よりもはるかに整って来ました。しかし、働く女性は増えて来ましたが、企業内で責任ある地位に就く女性はまだわずかです。そんな状況を是正しようと、管理職など社内リーダーになり得る女性の育成に取り組む企業も出始めました。それはうれしいことです。最近では指導的地位に占める女性の割合を少なくとも三〇%にするなど、女性の地位向上を目指した取組みが始まっています。私が働き始めた六〇年前には考えられないことです。

ところが、管理職に占める女性の割合が一四・五%（東京都産業労働局「平成二九年度東京都男女雇用平等参画調査結果報告書」）しかないのです。女性たちが管理職になりたくない理由を調べたところ、「自分に向いていないと思うから」が五九%を占めていました（インテリジェンスＨＩＴＯ総合研究所「女性の管理職志向調査二〇一五」）。

女性たちの会話の中で、「結婚したら専業主婦になりたい」と独身女性の三人に一人が答えているのに対し、結婚相手に専業主婦になってほしいと思っている独身男性は五人に一人という厚生省調査が新聞に掲載されていました。せっかく男性の意識変革がおきているのに、女性の方で現代の流れを受け止められなければ、日本において「指導層三割女性計画」は、夢で終わってしまいましょう。ここに居られる意識の高い女性たちにがんばってほしいと思います。

「東洋経済二〇一一年一〇月号で、「女性はなぜ出世しないのか―悪いのは男？　女？」というタイトルで特集が組まれました。たいへん興味深い取り組みでした。その中で、スタンフォード大学教授J・フェッファー氏の興味深い分析がありました。一.「人の目を気にしてはダメ」。日本的な「引くのが美徳」は人目を気にしている典型である。はじめから知識も経験も十分にある人はいない。二.問題から逃げたら何も始まらない。自立して、人を頼らず、孤独とストレスに克つ強さをもたなければ、仕事はできない。三.「継続は成功の鍵」、「耐えることも大事」。四.「成功する人はどこの国でも通用し成功する」と。

私は二〇〇二年から母校で学長を二期八年勤め、各種の改革に取り組ませていただきました。その一つがエンパワーメント・センターの設立と充実です。本日主催のエンパワーメント・センターは、栗田啓子副学長の長年にわたるヴィジョンが実現した働きです。その一端を担うことができましたことは、現在広島女学院大学におけるキャリア教育とエンパワーメント・センターの充実に大きな指針となっております。東京女子大学におりました時には、二学部を一学部に統合し、リベラル・アーツ教育を強化いたしました。広島女学院大学では、文部科学省の管轄の学部と厚生労働省の管轄の学部がありますために、一学部に統一することはできませんでしたが、全学的に展開できるライフキャリア科目を四五科目設定し、女性の一生涯の基盤となる「ライフキャリア科目」を充実させました。

さらに広島経済同友会と包括的連携を締結させていただき、私は「ひとづくり委員会」と「まちづくり委員会」に所属し、経済界と教育の現場を結ぶ役割を果たしつつ、女性の社会進出のために努力しているところです。

私事になりますが、一三歳まで旧憲法と旧民法の下に生き、戦後東京女子大学においてキリスト教に立脚した人格論の教育を受けたからこそ今日があると確信いたしております。新渡戸先生が言われる人格論の原点は座標軸に自らを位置付けることです。縦軸と横軸があって初めて定位置に点を定めることができるように、私たちの人生も座標軸に位置づけることによって、「ぶれない個・人格」が形成されるのです。西欧文明はキリスト教理念に立脚しておりますので、システィーナ礼拝堂に描かれた神とアダムの指と指の間一センチによって、座標軸の縦軸の欠落を表し、人格形成の限界が表現されています。「女子大学の新たな使命」は、「人格・ぶれない個」を確立し、挑戦し続ける女性を育てること」にあるとの言葉で終わらせていただきます。

ご清聴ありがとうございました。

創立一〇〇周年記念礼拝（二〇一八年六月一一日）

「座標軸のある人生――新渡戸稲造に学びつつ」

久しぶりに母校のチャペルでメッセージを取り次がせていただける幸いを感謝致します。私は今から六七年前、一九五一(昭和二六)年まだ戦後の焼け野原が点在し、本学のチャペルの塔が真っ白でなかったころ、神戸から上京して入学しました。入学祝いに両親の恩師であり在学中の保証人でもあった第三代学長石原謙先生から、新渡戸稲造著『内観外望』を戴きました。この本が私の人生を変える羅針盤となりました。戦争中、爆撃の中を逃げまどい、頭に大怪我を負いつつも九死に一生を得た私は、活字に飢えていたので、今はなき東寮の一室で夢中に読みました。この東寮の一室は私の学長時代に本館の二階に新渡戸記念室を作り、当時のままの姿で移設してあります。卒業するまでに見てください。

この『内観外望』の中で私が最も感銘を受けた言葉は、「学問の第一の目的は人の心をリベラライズ（自由）するということ、エマンシペイト（解放）するということである」と言う言葉でした。今皆さんは、英語もまた他の言語も自由に学べますが、第二次世界大戦中に女学校時代を送った私たちは、敵国の言葉英語は学べませんでした。読む本も極端に制限されていました。

新憲法が発布され、女性も大学で自由に学べるようになり、神戸から上京して出会ったこの『内観外望』の一節、「学問の第一の目的は人の心をリベラライズするということ、エマンシペイト（解放）することである」という言葉が積極的に人生を切り開く秘訣を教えてくれました。私は英語科に入学したのですが、英語で歴史、特に「聖書の時代史」を学びたく強く導かれ、三年生になる時に西洋史学科に転学する勇気を与えられました。そうして『内観外貌』をプレゼントしてくださった「初代教会史の日本に於ける第一人者石原謙先生」の薫陶を受け、新約聖書とその時代史を生涯の専門とすることになりました。東京女子大学は「私の生涯の専門」を見つけさせてくださった大学です。

卒業して、フルブライト奨学生として一九五六年に留学、イリノイ州のホイートン大学大学院、ハーバード大学大学院で新約聖書の時代史を学んで、二八歳で帰国し、それ以来半世紀以上大学に関わり、これから日本をリードしてくださる若い方々に、「座標軸のある人生」を実践してくださいとメッセージを送り続けております。

私が海の向こう側に身を置いて、最もショックだったことは、「一人称で明確に自己表現できない自分」に気付いたことです。「もしあなたがそう言われるなら、私は……」と、「私はこう思う」という一人称が後から出てくる自分に気付きました。このような日本的思考体系を森有正先生は、二人称文化、集団的意識構造と表現しておられます。二一世紀グローバル時代をリードする人物は、英語が話せるだけではなく、「私はこう思う」と一人称で語れる人、それでいて優しさと思いやりに富んだ人でなければ国際的に太刀打ちできないと思っています。

五〇年以上教育の現場に身を置いて、「一人称で明確に語れる個、ぶれない個、私」を築けるのはキリスト教学校においてであると確信するに至りました。「キリスト教を基盤とした人格教育」とは、具体的には「創造主との縦関係に自分を位置づけた上で、人との横関係を築く人格教育」を推奨する教育理念です。キリスト教を基盤とした学校の建学の精神には必ず「人格教育」と明記されています。東京女子大学はもちろんのこと、現在院長と学長を務める広島女学院も同じです。

それでは、「人間教育」と「人格教育」はどのように違うのでしょう。これが本日のメッセージの核心です。「人間」は「人の間」と書きます。この世に生きていく上で最も難しいのが人間関係だと思っています。横軸だけで生きていくならば、そこには「うぬぼれか自己卑下」かどちらかしかありません。人の間で比較して、うぬぼれるか私は駄目だと思うかです。付和雷同ではかえって人間関係を難しくしてしまいます。「私はこう思う」と一人称で語る必要があります。それを可能にするものこそ縦軸です。

縦軸とは神との垂直的縦関係です。垂直的（Vertical）な関係があって初めて、水平的

(Horizontal)な関係が豊かに造られることを聖書は強調しています。すなわち、「ぶれない自分・人格」の形成には「座標軸」が必要なのです。グラフを書くのには、縦軸と横軸が必要です。縦軸を温度、横軸を日と決めれば、何月何日、何度と位置を決定することができます。

人生にも座標軸を必要とします。私たちの揺るぎない精神的自己確立も、人と人の間だけでは不十分であり、イエス・キリストとの交わりから確立される縦軸が必要なのです。縦軸と横軸すなわち座標軸に自分を位置づける時、どのような周囲の反対があっても、「私はこう思う」という生き方が可能になるのです。初代学長新渡戸先生が本学に残された人格教育の本質です。

新渡戸先生は、『西洋の事情と思想』という書物の中で、「日本では人格といふ言葉は極めて新しい。私共が書生の時分には、人格という言葉はなかった。パーソンという字は詳細に調べると、メンという意味とは違って『人たる』という字である。格といっても資格というような意味は毛頭ない」と述べておられます。さらに「人はどこか動じないところ、譲れぬという断固とした信念がなければならない。人格神との関係性、対話性の中に人格は形成される」と明言されました。すなわち、座標軸があって初めてゆるぎない人格が形成されると新渡戸先生は言われるのです。

日本語で人格者というと、名声がある人、高い地位にある人を思い浮かべますが、キリスト教の理念では、人格者とは、「ぶれない自分を確立し、一人称で語り、いかなる場面でも責任を果たすことができ、それでいて寛容の精神に富んでいる人」と言うことができます。

本日のパウロの言葉（ローマの信徒への手紙五章一～五節）に目を留めましょう。「このキリストのおかげで、今の恵みに信仰によって導き入れられました」「神の愛が私たちの心にそそがれているからです」。すなわち貯水池に直結されない限り、水道の蛇口から水が出ないように、座標軸の縦軸がつながらない限り、揺るぎない人格は形成されないという人生の根幹的メッセージがここにあります。

ローマのシスティーナ礼拝堂の天井にはミケランジェロの壮大な絵が描かれています。その中心は神とアダムの絵です。「神とアダム」の指の間には一センチの開きが刻まれています。天井が高いので下から見ると気づきませんが、これから行かれる方は見逃さないで見てきてください。

この永久に交わらない一センチ、「神から断絶した状態」をキリスト教では罪と言います。この罪の状態を埋めるために、二〇〇〇年前にイエス・キリストは誕生してくださり、「我は道なり、真理なり、いのちなり」と宣言されました。そうして、この一センチを回復するために、十字架にかかり、復活され、天にのぼられ、断絶された父なる神との間の道を回復してくださいました。ミケランジェロが一センチという象徴的に表現した断絶をつなげてくださったのです。そうして神の愛が私たちの心に注ぎ込まれるように、道を開通させてくださったのです。「神は愛なり」と言いますが、これが神の愛アガペーの本質です。本日のローマの信徒への手紙五章で「神の愛がわたしたちの心に注がれているから、苦難をも誇りとすることができる」とパウロは述べるのです。

新渡戸稲造先生は、「私が書生の時分には、日本には人格と言う言葉はなかった」と言われたことを先ほど紹介しました。「人間」人の間だけで生きるのではなく、縦軸すなわち神の愛が注がれる道が築かれて「人格」が形成されることを本日、心に留めていただけると幸いです。日本では、「人格教育」と言う言葉は通常よく用いられますが、新渡戸先生が「生涯かけて述べ続けられた概念」はまだ定着していません。キリスト教学校の責任であると思っています。この分厚い聖書の中にも、残念ながら「人格」と日本語で訳されていないことを残念に思います。一〇〇年前に新渡戸先生が日本語に人格という言葉がなかったといわれた状況が今も続いているように思います。

本日の聖書箇所の「練達」と日本語に訳している言葉は、他の聖書では「練られた品性」と訳されています。日本語で「練達」「練られた品性」と訳されているギリシャ語のドキメンは、英語では「Character,Personality」と訳されています。新渡戸先生は当時日本語がないので、「personality」をそのまま使っておられます。例えば新渡戸先生が第一高等学校の校長を辞する時の演説で、「日本人に最も欠けているのは、Personality（人格）の観念であり、

Personality のないところにはResponsibility（責任）は生じない」と学生たちに述べた言葉は有名です。

私たちの大学の初代学長である新渡戸先生が最も大切にされたのは、「神との縦軸から形成される『Personality』人格の概念、すなわちキリストの犠牲の上に形成される人格の概念」でした。それが形成されて初めて他者との関係が樹立できると教えました。すなわち「座標軸のある人生」が「本学の建学の精神」です。この精神を表しているのが、SSマークの校章です。新渡戸先生が本学の初代学長になられた時に、校章を「Sacrifice（犠牲）とService（奉仕）」の頭文字SSをとって作られました。校章を見るたびに、「縦軸、キリストの犠牲」そうして「横軸、人に使える奉仕」を思い出していただきたいと思います。

第五章

二〇二二年度キリスト教学校教育同盟
第一一〇回総会講演（二〇二二年六月三日）

「激動の時代におけるキリスト教学校の存在意義
——戦前・戦中・戦後を五代目キリスト者として生きて」

キリスト教学校教育同盟第一一〇回の記念すべき時の講演者に加えていただき、心より感謝いたします。これまで大学宗教委員長として、東京女子大学学長として、また広島女学院院長・学長として二〇年近くキリスト教学校教育同盟に連ならせていただき、いろいろご指導いただきましたことを心から感謝いたします。昨年三月にすべての責任から解放されましたところ、今回の大役をいただき、もうすぐ九〇歳を迎えるにもかかわらず、もう一度お仲間に入れていただきましたことを心から感謝いたします。

特に今回は横浜共立学院が会場校とうかがい、力不足ですが私の初代が横浜共立学院の創始者の一人ピアソン先生のもとで教育を受けバイブル・ウーマンとして活躍しましたので、高齢を顧みず摂理を覚えお引き受けいたしました。

明治から現代までの信仰継承を可能にしたキリスト教学校

一八七三年の切支丹禁制高札撤去より前の一八六三年には、すでに明治学院が、一八七〇年にはフェリス女学院が、一八七一年には横浜共立学園が、一八七二年には梅光学院が創立されました。

本日はその中の一校である横浜共立学園で、第一一〇回の総会が開催されますことは、たいへん意義のあることと思います。横浜共立学園の三人の創始者のうちの一人、ピアソン先生は一〇年後に、偕成伝道女学校を創設し、当時女性が教育を受けることが困難であった中で、「バイブル・ウーマンの育成」に尽力しました。

一八七一（明治四）年、M・P・プライン、L・H・ピアソン、S・N・クロスビーの宣教師が来日し、「亜米利加婦人教授所（American Mission Home）」を開講しました。ピアソンは働き人となる女性伝道者の必要を覚え、一八八一（明治一四）年「偕成伝道女学校」を開設。未婚・既婚を問わず、幅広い年齢層の女性の教育に専念しました。

一八七三年の切支丹禁制高札撤去前にヘボン、ブラウン、J・バラは来日し、直接伝道が許可されるまで福音書の翻訳、出版に取り組み、日本人青年に大きな影響を与えたことはよく知られています。一八七二年には横浜で九名の受洗者を生み、日本最初のプロテスタント教会の基礎を築きました。一八七七（明治一〇）年には、横浜海岸教会で一致教会が創立されたこともよく知られていますが、横浜、東京近辺の教会だけでなく、信州上田教会が含まれていることに私はたいへん興味をもっています。

当時J・バラ、E・ミラーは熱心に信州上田に伝道しました。一八七六年明治九年八月には、ミラーより上田で一三名が受洗し、同年一〇月にはバラより一九名が受洗しました。上田で一年に三二名もの受洗者が与えられたのです。その中に私の祖先小島家四名が含まれていることに気付き、生涯をかけて資料収集してきました。

ピアソンの薫陶の下で教育を受けたバイブル・ウーマンの中に小島家から弘子とみやがいました。二人は双子で横浜共立学園・偕成女子聖書学園で育てられ弘子はバイブル・ウーマンとしてピアソンとともに伝道し、みやは上田教会を守りました。四人のうちの後の二人は弘子の長女とみやの長男友太郎（弁護士）でした。後に、二人はいとこ結婚し二代目クリスチャン・ホームを築きました。三代目となる私の祖母は「女子学院」に学び、三谷民子先生から大きな影響を受けました。寮では植村環先生と同室でした。四代目の父と母は石原謙先生の薫陶を受け、五代目の私は東京女子大学でやはり石原謙先生のもとで聖書と初代教会史を学び、信仰を強められ、六代目の娘は恵泉女学院で秋田稔先生の薫陶を受け、七代目の孫娘は青山学院で育てられました。

現在七代目まで信仰が継承されていますのは、「キリスト教学校での教育の成果である」と確信しています。激動の時代だからこそキリスト教学校の存在意義はますます重要であると思います。

太平洋戦争下において「キリスト教学校の建学の精神を守り続けた指導者たち」から、私たちは今多くを学ばされると思います。私の生涯でとくに直接関わりがありました二つのキリスト教学校、東京女子大学と広島女学院に例を取ってお話しさせていただきます。

東京女子大学第三代学長石原謙先生は一九四〇（昭和一五）年から一九四八（昭和二三）年、まさに戦前、戦中、戦後の激動の中、献身的に学長をつとめ、キリスト教を護り抜かれました。一九四四（昭和一九）年、軍部からの校舎転用計画によりチャペルを含む講堂の提供を迫られた時も、「チャペル、講堂こそは東京女子大学のシンボルともいうべき大事な神聖な場所であり、ここを失うことは東京女子大学を失うにも等しい」と三週間にわたり頑強に主張され、これに応じず他の校舎を提供した」（『東京女子大学五十年史』より）先生は、憲兵隊に何度も連行されましたが、それでも信仰を守り通されました。

広島女学院を太平洋戦争中死守した松本卓夫理事長・院長は軍部の圧力と闘い、院長喚問、チャペル・聖書教師への弾圧と闘われました。原爆により全施設焼失、教職員、学生、生徒三五〇名の犠牲の中で復興に努められました。広島女学院創立七〇周年記念誌に残されている先生の言葉を紹介いたします。

「私は崩れ落ちてきた校舎の下から、あたかも地獄から這い出た幽霊の様に辛うじて這い出て、やがて廃墟と化した校庭にひとりたたずんだ時、ただ茫然として涙さえ出ないありさまだった。信仰と祈りとにより、キリストの名において創立された学院が、いかなる災害によっても、滅び去ることはあり得ない。この確信は動かすことのできない力をもって私を支配していた」

松本卓夫先生は、戦時中の多くの迫害を経験しつつも、戦後は毅然として日本聖書協会語訳聖書翻訳委員長としてご活躍されました。

毎日ウクライナの戦場の惨状を、私は国民学校・女学校時代の太平洋戦争下での経験と重ね合わせながら祈りつつ見ています。日本では私が小学校六年生ころから、大都市では軍国主義の締めつけが厳しくなり、各教室の正面には、皇居の写真と神棚が安置され、毎朝授業の前に、宮城遥拝と神棚に柏手を打つことが強要されました。当時、日曜学校で使っていた讃美歌（昭和六年、一九三一年出版）には「君が代」が入っていました。

私はある日、「私の神さまは聖書の神さま」であると子どもながらに納得がいかず、宮城遥拝も柏手も打てなかったことがあります。「後ろに立っていろ！」――すさまじい先生の声。その日から毎日一時間目から六時間目まで教室の後ろに立たされて授業を受けました。立たされているので、ノートは取れません。私のノートは腰でした。今もそこをなでると～「神武、すいぜい、あんねい、いとく、こうしょう、こうあん、こうれい、かいか～」と出てきます。「モールス信号」なども。帰りにいじめられました。カバンをドブの中に投げ込まれたこともしばしば。どろどろのカバンをもって帰ると、四代目のクリスチャンだった母は、黙って「為ん方つくれども希望（のぞみ）を失わず、です」（文語訳、コリント後書第四章八節）と言いながら黙ってきれいにしてくれました。当時はまだ文語訳聖書しかありません。神戸の都会から幕張への疎開を余儀なくされてからは、この苦しみからは解放されました。一九四五年八月一五日一三歳、戦争は終わりました。

私の生涯の研究テーマは、初代教会史です。特に迫害史です。日本がまだ占領下にあった一九五五年に東京女子大学を卒業し、翌年フルブライト奨学生として横浜港に停泊している氷川丸で合格者三五名とともに、二週間かけてアメリカに留学しました。男性三二名女性三名。ホイートン大学院神学部で初期キリスト教史と新約聖書の学びをいたしました。その後ハーバード大学の神学部で資料収集しておりました時に、日本からの依頼を受け、二〇代で出版された本が、「キリスト者と国家」です。二〇代の本ですからあちこち不備を感じますが、真剣に取り組んだ一冊です。序文の一部を読んでみます。

「太平洋戦争の勃発と共に、全体主義、帝国主義の根底をなした古来の神道国家意識とキリスト教との相克は、その頂点に達した。当時絶対的権威をもっていた旧憲法は、その第一条に天皇は神聖侵すべからざる神であることを掲げていた。政府は公立学校はもちろんのこと、キリスト教主義の学校にも御真影奉拝と宮城遥拝を強いた。この時多くのキリスト者は、国家からの強い圧力に対抗しきれず、妥協することによって、キリスト教を次の世代まで保持し得るとの希望のもと、国家の圧力に屈した。

太平洋戦争が終わって新憲法が発布され、天皇の神聖は放棄されたとはいえ、いつまた昔ながらのナショナリズムが復帰するか予測しがたい。筆者は過去のキリスト者の態度が聖書的であったかどうかを聖書に照らして検証したい」

これは私が一九六〇年二〇代に書いた『キリスト者と国家』の序文の一部です。

先週、送られてきました「キリスト教学校教育」六月号のオンライン座談会「キリスト教学校における平和教育とＳＤＧｓ」を感動をもって読ませていただきました。以下にキリスト教学校で働かれている教職員のご意見をまとめました。

・時代によって変わるものと決して変わらないものとの対話の必要性。

・『人格』『知』『力』『心と体』の四つの部分に分けて人格の部分はキリスト教的な概念が強いので、キリスト教学校が責任をもって担当すべき。

・人格性なしにＳＤＧｓは実現しにくいでしょう。時間はかかりますが人格の育成が重要です。

・平和とは何だろう。戦争がないということだけではないだろう。平和のいろいろな側面を考えるべき。

・家庭の不和など個人レベルの問題も。遠いところの話なら正論を語れるのに、自分の問題となると結構、圧力をかける側になったりする。キリスト教学校として本腰を入れて考えたい。改善するためには自分が変わるしかない。

・人間の罪、自己中心性、利己心、人間の中にある妬みや対立が戦争を引き起こすわけですから、罪の問題を考えていくことは基本的なキリスト教教育の原点ではないでしょうか。

二一世紀、日本のキリスト教学校に求められる使命と課題

今から六一年前の一九五一年に東京女子大学に入学しました時に、保証人でありました石原謙先生から、お祝いに新渡戸稲造著『内観外望』をいただき、夢中で読み、大きな影響を受けて以来、新渡戸研究に没頭致しました。参考になる先生の言葉をいくつかご紹介いたします。

新渡戸稲造（一八六二〜一九三三年）の人格形成に関する言葉

・「日本では人格といふ言葉は極めて新しい。私共が書生の時分には、人格という言葉はなかった。パーソンという字は詳細に調べると、メンという意味とは違って『人たる』という字である。格といっても資格というような意味は毛頭ない」

・「人はどこか動じないところ、譲れぬという断固とした信念がなければならない。人格神との関係性、対話性の中に人格は形成される」

・「学問の第一の目的は人の心をリベラライズするといふこと、エマンシペイトすることである」

・「to know（知ること）だけでは充分ではない。to do（実行すること）が大切である。最も大切なことはto be（あなたがあなたとして存在すること）である」

『内観外望』の「大学の使命」の章に、「学問の第一の目的は心をリベラライズするということ、エマンシペイト（解放）することである」という言葉は、戦争中の軍国教育から私を完全に開放し、「生きる目的」を鮮明に与えました。そうしてあなたがあなたとして存在〝to be〟して良いのだという自信を与えてくれました。まさにキリスト教を基盤とした「人格・ぶれない個・私」の育成こそがリベラル・アーツ教育であることを、東京女子大学の学生時代に学びました。そうしてこの人格教育、リベラル・アーツ教育が、私の人生の支えとなりました。これこそが「キリスト教学校の真の存在意義」です。

太平洋戦争下は「滅私奉公」の時代でした。すなわち忠君愛国「天皇を崇拝する臣民の教育」が強要された時代でした。「教育の目的」は「大日本帝国国家の目的」と一致結合したものであり、「公」は「国家」であり「主」であり、「私」は「個人」であり「主」に対して「従」の関係でした。

藤倉皓一郎氏は『学術の動向』において、「私personは独立の個人individualであり社会的活動を行う人、市民、人民はcitizen,peopleであり、この市民が二人以上で何かをすることが公であり、public,republic,commonである。したがって、アメリカ人の多くは政府governmentが公であるとは考えない」「官による公の占有を破り、私が公を創造するためには、まだ相当の時間をようする」と問題提起されました（『学術の動向』二〇〇八年八月号）。

日本が地球市民として国際社会で責任あるリーダーシップを取るためには、「滅私奉公」的概念から完全に抜け出す必要があります。藤倉晧一郎先生が言われる独立の市民person は市民の意識の構築が必要であり、独立の自立した市民が二人以上で何かをすることが公であることを認識することによって、はじめて世界で活躍できる日本人の育成が可能となると思います。そうしてこのような個人を育成する場こそキリスト教学校の使命であると思っています。

これからのキリスト教学校に期待すること

まず第一に、キリスト教学校の超教派的働きの大切さです。一八七七年横浜海岸教会で「教派を超えた一致教会」が設立されましたが、日本全体の超教派としては定着せず、歴史的に発展して来た各教派的教会として発展してきました。五代目キリスト者として初代からの足跡を分析する時、どの時代においても「各教派のキリスト教学校と教会」で育てられ、次世代に継承されていることは大きな特質であると思っています。私はどの教派・教会に属しますかと尋ねられた時は、「初代教会に属します」と答えることにしています。キリスト教学校教育同盟の今後の超教派的働きに期待しています。

第二に、キリスト教学校から「女性が用いられる場の拡大」を世に発信することです。

私を生かした新渡戸稲造の女性の人格形成に関する言葉をご紹介いたします。

・「所謂良妻賢母主義は、人間を一種の型にはめ込むようなものである。日本の女子教育は、女を妻か、母か、娘かいずれかにしてもひとり立ちの人間らしくない男の付属品のごとく見ている。一個の人間として立派にでき上がった婦人（人格）ならば、妻としては良妻、母としては賢母である」（『婦人に勧めて』）

・「婦人が偉くなると国が衰えるなどというのは意気地のない男の言うことで、男女を織物に例えれば男子は経糸、女子は緯糸である。経糸が弱くても緯糸が弱くても織物は完全とは言われませぬ」（一九一八年東京女子大学開校式式辞）

私が尋常小学校に入学した昭和一三年ころの日本は、まだまだ旧憲法の家制度の中にあり、「女性は男性の三歩下がって歩くべし」と修身の時間に教えられました。男女同権の思想からほど遠い時代でした。やがてウーマン・リブ運動が始まり、後ろから歩いて来る人が、言葉遣いから、女性か男性か分からなかった時代もありました。

私はキリスト者として、『女性のほんとうのひとり立ち』を一九八四年（三八年前）に出版し、あっという間に一一刷りまで行き、一般書店のカウンターに並べられていました。キリスト教的女性観を書きました。新渡戸稲造先生の立場を堅持しつつ、聖書の女性観と、日本の問題点を分析した本です。

また、ある食事会でお隣が角川書店の社長様だったことがあります。会話のあれこれを聴いておられた社長が、翌日東京女子大学の学長室に編集長とご一緒に来られ、是非出版したいとのお申し出をいただき、出版されたのが『女性を生きる』です。今も読まれています。

毎年世界経済フォーラムが、「ジェンダーギャップ指数」を発表します。二〇二一年度の日本の順位は一五六カ国中一二〇位と発表されました。私は二八歳で仕事に就き、昨年三月末に現役を退くまで六〇年間、学長一五年を含め大学の仕事に携わりました。育児休暇も、保育園もない時代に、三人の子育てをしながらがんばりました。子どもたちはもう還暦を過ぎる年齢となりました。土井たか子さんたちと男女雇用機会均等法、育児休業法などの作成にも尽力しました。施行された時には子どもたちは成人する年になっていましたが。

キリスト教学校教育同盟の総会には、各教育機関のトップの方々が出席されますから、どうしても男性が多くなります。私は宗教委員長として五年間、学長として一五年間、合計二〇年間出席し、多くを学ばせていただきましたことを心から感謝しています。その二〇年間、私は女性であるという意識はまったくなく、職責を果たすという意識しかありませんでした。このたび九〇歳を迎えるこの年に、基調講演に呼んでいただきましたことに心から感謝しています。

私の記憶が間違っていなければ、女性が基調講演に立ったのは初めてだと思います。生涯を振り返って見ますと、女性が初めてという場面がいくつもありました。二〇年前に東京女子大学の学長に選出されましたが、五万人もいる卒業生の中で、初めての卒業生学長でした。まだまだ日本は世界に比べて女性の社会進出は低いです。チャンスが与えられた時には、躊躇せず受けて、がんばってほしいと思います。

今後、女性が用いられる場が少しでも拡大されますように、ご指導いただければ感謝です。最後になりましたが、一一〇回総会という大切な機会に講演者として選んでくださいましたことに心から感謝しつつ、私の生涯を生かした聖書の言葉で講演を閉じさせていただきます。

パウロの獄中書簡の一つ、フィリピの信徒への手紙四章一三節「わたしを強めてくださる方のおかげで、私にはすべてが可能です」。ご清聴ありがとうございました。

湊　晶子（みなと・あきこ）
1932年生まれ。東京女子大学文学部社会科学科卒業。フルブライト奨学生としてホイートン大学院（神学修士・2008年名誉博士）。NHK教育テレビ英語会話中級講師、ハーバード大学客員研究員、東京基督教大学名誉教授、東京女子大学教授を経て、東京女子大学学長（2002～2010年）、広島女学院院長・学長（2014～2021年）。現在広島女学院顧問、ワールド・ビジョン・ジャパン理事、国際開発救援財団理事、国連ユニタール理事。瑞宝中綬章受章、ペスタロッチー教育賞、中国文化賞受賞。著書に『女性を生きる』『初代教会と現代』『新渡戸稲造と妻メリー』など。

現代《いま》を生かす新渡戸稲造の人格教育

2023年3月20日　第1刷発行

著　者　湊 晶子
発行所　株式会社　キリスト新聞社
〒162-0814 東京都新宿区新小川町9-1
電話03（5579）2432
FAX 03（3579）2433
URL. http://www.kirishin.com
E-Mail. support@kirishin.com
印刷所　株式会社エス・アイ・ピー

ISBN978-4-87395-821-7 C0037（日キ販）
Printed in Japan